# Viva l'azione!
## Live Action Italian

**Contee Seely**
*e*
**Elizabeth Romijn**

**Prefazione** *di* **James J. Asher**

**Tradotto dall'inglese** *da*
**Donatella Carta** *e* **Julia Lauren Montrond**

con l'abile aiuto di

**Stefano Burba, Giovanni Cerrone,**
**Fabrizio Geri, Diane di Pisa**
*e* **Angela Zawadzki**
(*vedi ringraziamenti a pagina* XI)
(*see acknowledgements on page* XVI)

**Illustrato** *da* **Elizabeth Romijn**

*Command Performance Language Institute*
*1755 Hopkins Street*
*Berkeley, CA 94707*
*U.S.A.*
*(510) 524-1191*

UN'ALTRA OPERA DI
CONTEE SEELY:

ALSO BY CONTEE SEELY:

# ¡Español con impacto!

Un manuale basilare di Risposta Fisica Totale per studenti e professori. Per le prime 60-100 ore di istruzione, adatto alle scuole medie, superiori, corsi per adulti e università.

A TPR basic Spanish student/teacher text for the first 60 to 100 hours—for junior high, high school, adult and college levels.

## DISTRIBUITO DA

## DISTRIBUTORS

Delta Systems, Inc.
570 Rock Road Dr., Unit H
Dundee, IL 60118
(708) 551-9595
(800) 323-8270
FAX (708) 551-9435

DIDASKO
6-7-31-611 Itachibori
Nishi-ku, Osaka 550
Japan
Tel: 06-443-3810
FAX 06-447-7324

Midwest European
  Publications
824 Noyes St.
Evanston, IL 60201
(708) 866-6262

AuraComp Services
P.O. Box 2101
Brantford, ON
Canada N3T 5Y6
(519) 756-7630

Sky Oaks Productions
P.O. Box 1102
Los Gatos, CA 95031
(408) 395-7600
FAX (408) 395-8440

Command Performance
  Language Institute
1755 Hopkins St.
Berkeley, CA 94707
(510) 524-1191

Berty Segal, Inc.
1749 Eucalyptus St.
Brea, CA 92621
(714) 529-5359

The Kiosk
19223 De Havilland Dr.
Saratoga, CA 95070
(408) 996-0667

DORS to Language
44 Morningside Dr.
Tiffin, OH 44883
(419) 447-2756

Western Continental
  Book Co.
625 E. 70th Ave., Unit 5
Denver, CO 80229
(303) 289-1761

Alta Book Center
14 Adrian Court
Burlingame, CA 94010
(415) 692-1285
(800) ALTA/ESL
FAX (415) 692-4654

Alta Book Center
84 Fourth St.
San Francisco, CA
(415) 541-9470
FAX (415) 541-0325

Pubblicazione originale: Agosto 1993

First published August, 1993

Stampato negli U.S.A.

ISBN 0-929724-04-6

Printed in the U.S.A.

# INDICE

# PREFAZIONE
## [all'edizione di lingua inglese]

Dopo 20 anni di ricerche siamo arrivati alla conclusione seguente: l'apprendimento di una lingua straniera diventa molto più efficace quando gli alunni rispondono ai comandi dell'insegnante con azioni adeguate anziché restare fermi. In italiano, per esempio, non è sufficiente che gli alunni capiscano il significato di «alzatevi» e «sedetevi». Devono creare la loro realtà propria alzandosi quando sentono «alzatevi» e sedendosi quando sentono «sedetevi». Le lezioni di questo libro si basano innanzitutto su questo principio. (In secondo luogo si basano sulla scoperta di Gouin che consiste nell'aiutare la memoria tramite una serie di azioni).

Gli autori non presumono che gli studenti che utilizzeranno questo libro non sappiano affatto l'italiano né presumono che l'insegnante non farà nient'altro che adoperare il materiale didattico qui presentato. Con i principianti veri e propri abbiamo scoperto che i risultati migliori si ottengono quando cominciano coll'ascoltare in silenzio i comandi nella lingua straniera e a rispondere con azioni appropriate. È importante che l'espressione orale venga ritardata fino a quando la comprensione è stata del tutto interiorizzata. In fine, con il continuo arricchimento della comprensione della lingua straniera, l'espressione orale si verificherà spontaneamente. Naturalmente, come nei bambini che imparano la lingua materna, così le prime manifestazioni di espressione orale saranno costellate di errori. Gradualmente, però, col tempo e con l'abile guida dell'insegnante, l'espressione orale dello studente prenderà la forma di quella di un nativo. Le procedure raccomandate in questo libro costituiscono una buona guida per aiutare in questo addestramento e saranno anche d'aiuto a quegli studenti che non hanno avuto la fortuna di iniziare lo studio della lingua straniera con questo entusiasmante sistema.

La pubblicazione di questo libro è particolarmente benvenuta dato che è il primo libro di testo nel mondo anglofono che utilizzi la Risposta Fisica Totale.

James J. Asher

# FOREWORD

In 20 years of research we have found that when students respond with appropriate actions to commands, their learning is far more efficient and their involvement fuller than if they do not move. In English, for example, it is not enough for students to understand the meaning of *stand up* and *sit down*. They must construct their own reality by physically standing when they hear "stand up" and sitting when they hear "sit down." The lessons in this book are based, first and foremost, on this principle (Secondarily they are based on Gouin's discovery that series help the memory.).

The authors do not assume that the students who use this book know no english. Nor do they assume that the instructor will do nothing more than use the material here presented. With students who are beginning at the lowest levels, we have discovered that an optimal format is for them to start by silently listening to directions in the target language and responding with appropriate actions. Speaking from students is delayed until comprehension has been thoroughly internalized. Eventually, as comprehension of the target language expands and expands, talk will spontaneously appear. Of course, like infants learning their first language, when speech appears, there will be many distortions. But gradually, in time, with the skillful coaching of the instructor, student speech will shape itself in the direction of the native speaker. The procedures recommended in this book are one well-developed way to provide this coaching and will also help students who have not had the good fortune to begin their language learning with this exciting approach.

The publication of this book is especially welcome, as it is the first student text that makes use of Total Physical Response to be published in the English-speaking world.

James J. Asher

# INTRODUZIONE

Questo libro è costituito da 68 serie di comandi ai quali ogni membro di una classe risponde con azioni adeguate. Queste serie possono essere usate per praticare molte forme verbali italiane oltre all'imperativo (vedi «Adattamenti Creativi», numeri 1 e 2 a pagina XXXVI) e sono quindi adatte non solo per essere usate a livello elementare ma anche a quello intermedio. *Viva l'azione!* non rappresenta un corso completo ma si può abbinare facilmente ad altro materiale didattico. Le serie sono particolarmente adatte a classi composte da livelli diversi, dato che studenti di ogni livello—spesso anche quelli a livelli più avanzati—imparano partecipando totalmente.

Le serie sono anche ottime per corsi per adulti ad iscrizione aperta, visto che forniscono una nuova collezione di parole per ogni lezione (o per ogni paio di lezioni) sulla quale si può basare la stessa lezione di grammatica volta dopo volta. Gli studenti assidui non hanno mai l'impressione che il corso sia ripetitivo, dato il contesto sempre nuovo. Allo stesso tempo i nuovi arrivati, o gli studenti che non possono frequentare ogni lezione, sono in grado di cominciare o di riprendere in qualsiasi punto si trovi il professore dato che le lezioni non si basano sulla supposizione che il vocabolario sia già stato capito. Il vocabolario è nuovo ed è imparato a fondo da ciascun membro della classe, ogni giorno, prima che le note grammaticali vengano affrontate. (Vedi «Adattamenti Creativi», numero 1 e 2). Le persone che assistono imparano più in fretta perché ripetono gli stessi punti in ogni contesto, assimilando quindi queste strutture in modo più simile a quello dell'acquisizione della lingua materna di quanto sia possibile con la maggior parte delle attività scolastiche in oggetto.

Molti studenti d'italiano sono scoraggiati quando scoprono una discrepanza tra la lingua che hanno studiato a scuola e quella che sentono usata giornalmente in Italia. *Viva l'azione!* contiene una gran quantità di linguaggio colloquiale che non si può trovare in altri testi. Abbiamo adattato con cura il testo al milieu italiano e abbiamo scritto diverse lezioni specificamente per l'edizione italiana.

UN APPROCCIO POCO COMUNE. Pochi gruppi e pochi professori sono abituati a lavorare come necessario per trarre il massimo vantaggio da questo metodo. Per cui, benché le lezioni si possano usare in qualsiasi ordine, raccomandiamo che il professore cominci con quelle più semplici, più brevi e più ovvie. Le prime 18 lezioni (p. 2-37) sono particolarmente idonee a questo proposito.

I professori non ancora familiarizzati con questo approccio troveranno all'inizio certi procedimenti un po' insoliti e forse anche un po' scomodi. Durante la presentazione (tappa 2, «Procedimenti», pagine XIX e XX), gli studenti rimangono silenziosi mentre ascoltano ed osservano l'azione. Questo silenzio può sembrare strano, ma è necessario all'ascolto, alla comprensione ed all'apprendimento della pronuncia. Nella tappa finale (la settima, pagine XXII a XXIV) gli studenti si esercitano tutti insieme, formando un mormorio tremendo che spesso può apparire caotico ma che è, in effetti, molto efficace dando ad ogni studente molta più possibilità di partecipare a situazioni comunicative reali di quanto sia possibile in un corso di lingua tradizionale. Un altro aspetto insolito è l'espressione emotiva, la drammatizzazione e l'esagerazione del gesto da parte dell'insegnante.

**ORIGINE DEL METODO.** Questo metodo è fondato su quello che trova le sue radici nei lavori del francese François Gouin, dell'inglese Harold E. Palmer e dell'americano James J. Asher. Gouin ha pubblicato *L'art d'enseigner et d'étudier les langues*[1] nel 1880 nel quale testo ha dato una descrizione dettagliata dell' uso delle serie senza però fare riferimento al metterle in azione. Nell'opera di Palmer *English Through Action*[2], l'autore, sottolineando i meriti del Gouin, mette in risalto anche l'azione. Asher (che ha scritto la prefazione di questo libro) ha fatto quasi 30 anni di ricerche, che hanno stabilito con certezza l'efficacia del sistema di Risposta Fisica Totale con studenti di tutte le età. Psicologo all'università di San José, Asher ha pubblicato numerosi articoli che riferiscono gli esiti delle sue ricerche e anche un libro intitolato *Learning Another Language Through Actions: The complete Teacher's Guidebook*[3] ed ha anche prodotto diversi film che danno la dimostrazione di questo metodo.

**BASI TEORICHE DELLA RISPOSTA FISICA TOTALE.** In breve il sistema di Asher si fonda su 3 principi di base:

- La comprensione della lingua deve precedere la parola
- La comprensione deve venire sviluppata tramite movimenti corporei, soprattutto (ma non solamente) in risposta a imperativi.
- Non si deve incoraggiare lo studente ad esprimersi oralmente nella lingua straniera fino a quando non è pronto.[4]

Asher pensa che la maggior parte dei metodi siano fonte di stress e di frustrazione, perché richiedono che lo studente parli in lingua straniera prima che sia veramente pronto. La risposta fisica ai comandi è un modo estremamente efficace di preparare alla espressione orale *senza stress e senza frustrazione*.

**VANTAGGI DELLE SERIE.** Tra i molti vantaggi offerti dall'uso delle serie durante l'acquisizione della lingua straniera, notiamo in particolare: (1) Le serie facilitano la memorizzazione, come ha notato Gouin. Studi psicologici fatti recentemente hanno comparato la capacità di memorizzare liste di parole non sequenziali con listi di parole connesse logicamente tra di loro. Questi studi hanno confermato le osservazioni di Gouin di un secolo fa. (2) Le serie forniscono un contesto per il significato. (3) Le serie rappresentano situazioni di vita quotidiana. Più una situazione è verosimile e più apparirà attraente e servirà da incentivo allo studente. (4) Benché le serie facilitino l'apprendimento di molti aspetti della lingua, esse sono particolarmente utili nell'arricchire il repertorio di verbi dello studente.

---

[1] Paris: Librairie Fischbacher; traduzione inglese di H. Swan e V. Betis, *The Art of Teaching and Studying Languages,* Londra; Philip, 1892.

[2] In collaborazione con la figlia Dorothée Palmer, Tokyo: Istituto di Ricerca per l'Insegnamento delle Lingue, 1925. Edizione leggermente modificata: Londra, Longman, 1959.

[3] Los Gatos, Calif.: Sky Oaks Productions, terza edizione, 1986.

[4] Ibid., pagine da 2 a 4.

**VANTAGGI PRATICI DELL'IMPERATIVO.** Un altro vantaggio delle sequele all'imperativo è di natura professionale, per studenti che hanno un impiego o per quelli che sono in procinto di averne uno. Le ingiunzioni, dunque l'imperativo, sono usate con grande frequenza nella maggior parte, se non in tutti, degli ambienti professionali. Un progetto di ricerca effettuato nel Texas[5] ha dimostrato che in più di 4000 campioni di discorsi presi nell'ambito professionale, *l'imperativo era stato usato ben per il 40% delle volte!*

I campioni erano stati raccolti in 12 campi diversi di lavoro, compresi quello del commercio e quello metallurgico, quello della sanità , quello dei ristoratori e quello dei meccanici. Lo stesso studio ha anche indicato che *la maggior parte dei verbi è utile in tutti i campi*, mentre i sostantivi hanno la tendenza a far parte soltanto di un tipo particolare di professione. Queste scoperte suggeriscono che l'apprendimento delle serie di ingiunzioni è estremamente utile agli studenti impegnati in vari tipi di attività.

**STORIA DELLA PUBBLICAZIONE.** *Live Action English* è stato pubblicato per la prima volta nel 1979. Siamo stati sorpresi dal suo successo. Sono state pubblicate 14 edizioni e circa 49 000 copie sono state stampate finora. Due anni dopo la prima pubblicazione negli Stati Uniti, è apparsa un'edizione inglese.[6] Nel 1985 è stata prodotta una raccolta di due cassette. Il materiale didattico è stato sviluppato nei corsi di inglese e di spagnolo per adulti. Ancora una volta, con sorpresa, la versione inglese è stata ampiamente usata dalle scuole elementari, secondarie e da studenti universitari, così come da adulti. È stata usata con successo da studenti di molte e varie nazionalità in tutto il mondo—in Italia, negli U.S.A., in Canada, in Cina, in Corea, in Tailandia, in Giappone, nelle Filippine, in Indonesia, in Australia, in Brasile, in gran parte dell'America Latina, in Spagna, in Francia, in Germania, in Austria, in Gran Bretagna, in Israele, in Marocco, in Nigeria e in molti altri paesi—con notevole entusiasmo. Diverse serie sono anche state usate, con lo stesso entusiasmo, con studenti americani che studiavano il italiano, il giapponese, lo spagnolo, il francese, il tedesco, il finnico ed altre lingue.

**VERSIONI IN LINGUE STRANIERE.** Le varie versioni di *Live Action English* in italiano (*Viva l'azione!*), francese (*Vive l'action!*), spagnolo (*¡Viva la acción!*), tedesco (*Lernt Aktiv!*) e giapponese (*Iki Iki Nihongo*) sono già state pubblicate o lo saranno presto. (Vedi il retro del libro.)

**MATERIALE SIMILE.** Sono stati pubblicati diversi libri derivati da *Live Action English* o da testi simili ad esso e a *Viva l'azione!* dato che consistono in serie di azioni. Malgrado solo una delle seguenti opere sia disponibile in italiano, tutte le altre possono essere adattate ed utilizzate in corsi di italiano:

1. *Action English Pictures*, illustrato da una ex allieva di inglese, Noriko Takahashi, su testo di Maxine Frauman. Prickel (Hayward, Calif.: Alemany Press, 1985; correntemente disponibile presso Prentice Hall Regents, Old

---

[5] 1979-80, Resource Development Institute di Austin, sotto la direzione di Mary Galvan.

[6] Oxford: Pergamon Press, 1981; in vendita a Londra: Prentice Hall International.

Tappan, N.J. (tel.: (800) 223-1360)). Si basa direttamente su *Live Action English*. Consiste di 66 lezioni illustrate e duplicabili—37 delle quali sono esattamente le stesse di *Viva l'azione!*—ma senza parole. Un disegno corrisponde ad ogni linea del testo di *Viva l'azione!* (vedi la penultima pagina di questo libro)

2. *The Children's Response* di Caroline Linse (Hayward, Calif.: Alemany Press, 1983; correntemente disponibile presso Prentice Hall Regents, Old Tappan, N.J.) composto da 60 serie concepite con abilità per bambini di scuola elementare.

3. *Actionlogues* di Jody Klopp (Los Gatos, Calif.: Sky Oaks Productions, 1985; vedi pagina II). Presenta 25 serie con una fotografia per ogni linea. Disponibile soltanto in spagnolo, francese e tedesco; cassette sono disponibili in tutte e tre le lingue.

4. *Action Sequence Stories* di Constance Williams (Menlo Park, Calif.: Williams e Williams, 1987 e 1988; correntemente disponibile presso Ballard & Tighe, 480 Atlas St., Brea, CA 92621 (Tel.: (800) 321-4322)). Consiste di due kit di materiale, ciascuno dei quali include 50 sequenze di comandi di sei linee ognuna. Le versioni italiana, inglese, spagnola, francese, cinese e tedesca sono disponibili.

5. *English Operations* di Gayle Nelson e Thomas Winters (Brattleboro, VT: Pro Lingua, 1993 (Tel.: 800-366-4775)). Ha 55 sequenze di vita di ogni giorno in inglese. Questa é l'edizione nuova ed ampliata di *ESL Operations*, publicata da Newbury House nel 1980.

6. *Picture It!: Sequences for Conversation* (Tokyo: International Communications, 1978; New York: Regents, 1981; al momento disponibile presso Prentice Hall Regents, Old Tappan, N.J.). Consiste di 60 sequenze totalmente illustrate, di otto linee ciascuna. Ogni sequenza è presentata in un tempo verbale diverso e senza l'intento di essere messa in azione. Benché solo poche siano all'imperativo, tutte possono essere tradotte in azioni e adattate all'imperativo.

7. *Listen and Act* di Dale Griffee (Tokyo and Tucson; Lingual House, 1982; Box 14, Ogikubo, Suginami-ku, Tokyo; P.O. Box 3537, Tucson, AZ 85722). È formato da «mini drammi», in sequenze nelle quali un «regista» dà comandi ad «attori» e «attrici» che eseguono le azioni.

## GLI AUTORI VI INVITANO

Siete sempre i benvenuti a venire ad osservare il modo in cui gli autori di questo libro fanno uso di questo materiale nei corsi di lingua nella regione di San Francisco.

**Contee Seely** è diplomato dell'Università di Princeton (1961). Ha insegnato l'inglese come lingua straniera ad adulti in Ecuador, Perù, Cile e negli Stati Uniti ed ha anche insegnato spagnolo nelle scuole secondarie (high school), ad adulti (compresi corsi di addestramento per il Peace Corps) negli Stati Uniti ed a Vista College a Berkeley. È l'autore di *¡Español con Impacto!* ed il coautore di *TPR Is More Than Commands—At All Levels (TPR è più che comandi—a tutti i livelli)* (vedi pagina II). Attualmente insegna spagnolo e tiene corsi serali alla Scuola per

Adulti Neighborhood Centers, che fa parte delle Scuole Pubbliche di Oakland. Nel 1989 ha ricevuto l'onorificenza per eccellenza nell'insegnamento (Excellence in Teaching Award) conferitagli dal Consiglio della California per l'istruzione degli adulti. È direttore del Command Language Institute di Berkeley e tiene mini corsi su TPR a tutti i livelli e per insegnanti ed il sistema TPR di Blaine Ray per raccontare favole (seguendo le raccomandazioni di James J. Asher). Contee può essere contattato al numero telefonico (510) 524-1191. Lui e sua moglie Maggie hanno un figlio, Michael, e una figlia, Christina.

**Elizabeth (Libby) Romijn** ha passato l'infanzia ad Ann Arbor, nel Michigan. Ha conseguito la laurea in linguistica all'Università della California, a Berkeley nel 1969 ed ha subito cominciato, quello stesso autunno, ad insegnare inglese agli stranieri al Mission Campus del City College a San Francisco dove si trova ancora oggi e dove correntemente è coordinatrice del programma d'inglese per stranieri. Nel 1983 ha ricevuto il titolo di masters in linguistica e inglese come seconda lingua all'Università di San José è coautrice dell'opera *TPR Is More Than Commands —At All Levels* (*TPR è più che comandi—a tutti livelli*). Ha diretto mini corsi per insegnanti sul TPR e sull'insegnamento dell'inglese come lingua straniera a tutti i livelli in tutta la California. Ha due figlie, Rebecca e Tamara Romijn ed abita ad Oakland con suo marito, Talmadge Heath. Telefonate a Contee Seely al (510) 524-1191 per informazioni sugli orari ed i luoghi dei corsi da Libby.

## RINGRAZIAMENTI

Siamo estremamente grati per l'inestimabile aiuto che **Stefano Burba, Giovanni Cerrone, Fabrizio Geri, Diane di Pisa** ed **Angela Zawadzki** ci ha dato per la traduzione del libro. Ringraziamo sinceramente **Fernando Sánchez Gómez** per tutte le ore che ha passato instancabilmente a stendere le varie parti del libro. Abbiamo profondamente apprezzato i suggerimenti di **Berty Segal** e **Ruth Cathcart**, che abbiamo incorporato nelle sezioni introduttive di tutte le versioni di questo libro. Siamo inoltre in debito con **Julia Montrond**, la traduttrice di *Viva l'azione!* che ha fornito l'idea per la serie intitolata «Un costume per carnevale» (pag. 134-135). «Il singhiozzo» (pag. 40-41) è l'adattamento di «Unità audio-motrice» di **Theodore Kalivoda** (comunicazione personale nel 1974). Ringraziamo **David Eaton** per aver suggerito la presentazione unica delle lezioni. Vogliamo anche ringraziare **Maggie Seely, Jaap Romijn, Eduardo Hernández-Chávez, Ken Beck, Judy Winn-Bell Olsen, Helen Valdez, Helen McCully, Patricia Helton** e **James Asher** per il loro costante incoraggiamento durante la stesura della versione originale inglese. Siamo anche grati a **Roberta Farlane, Nick Kremer** e **Mary Galvan** per le informazioni sulla ricerca riguardante il linguaggio usato negli ambienti di lavoro (pag. IX). Ringraziamo **Peter Taylor** e **Shu Takeda** per l'uso delle loro stampanti laser con le quali è stata fatta la copia finale di questo libro. E vogliamo ricordare **Al Stout**, che purtroppo non è più fra noi. I nostri più sinceri ringraziamenti, infine ai NOSTRI STUDENTI che sono stati la fonte della nostra ispirazione durante gli ultimi 19 anni. Questo materiale è stato sviluppato e arricchito direttamente in risposta alla gioia e all'entusiasmo che essi hanno dimostrato imparando con questo sistema. Vi auguriamo lo stesso entusiasmo e la stessa gioia.

XI

# INTRODUCTION

This book consists of 68 series of commands which are actually put into action by every member of a class, thereby creating live situations. These series can be used to practice a wide variety of Italian verb forms besides the command forms (see "Creative Adaptations," numbers 1 and 2 on p. XXXIX) and are thus suitable for use on the intermediate as well as the beginning level. *Viva l'azione!* is not a complete course but combines extremely well with all sorts of other materials. It is particularly well-suited to the multi-level class, because students at both levels—and often advanced students too—learn with full involvement in every series.

It is also excellent for open-enrollment classes for adults, because it provides a new set of vocabulary words each class session (or couple of sessions) on which can be based the same grammar lesson or lessons time after time. The regular students never feel that the class is at all repetitive, because the context is always new. However, newcomers, or people who cannot get to every class session, can pick up wherever you are on the day they come, because the lessons are not based on the assumption that the vocabulary is already understood; the vocabulary is new and learned thoroughly by everyone in the class, each day, before any grammar points are tackled. (See "Creative Adaptations," nos. 1 and 2.) The people who do come to each session learn faster, because they practice the same points again and again in each context, thus acquiring these structures in a way that more closely approximates first language acquisition than do most classroom activities.

Many students of Italian are discouraged when they discover a gap between the language they have studied in the classroom and what they hear being used every day in Italy. *Viva l'azione!* contains a great deal of practical colloquial language not found in other texts. We have carefully adapted the text to the Italian milieu and have written several lessons specifically for this Italian edition.

**AN UNUSUAL APPROACH.** Very few groups or teachers are accustomed to working in the manner in which these series are most profitably used. So, although the lessons may be used in any order, we recommend that you start with some of the simpler, briefer, more obvious ones. The first 18 lessons (pp. 2-37) are especially appropriate for this purpose.

Some teachers who are new to this approach will find certain things about the classroom procedures unusual and a little uncomfortable at first. During the presentation (step 2, "Procedures," p. XXV) the students remain silent while listening and watching the action. This silence can seem strange but is necessary for good hearing and comprehension and subsequent pronunciation. In the final step (the 7th, pp. XXVIII and XXIX) all the students practice in a tremendous babble that often appears chaotic but is actually very efficient, allowing each student far more opportunity for real communication than in the usual language class. Another unusual aspect is the emotional expression, exaggerated action and theatrical drama required of the instructor.

**HISTORICAL BASIS.** The approach on which this book is based has its roots in the work of Frenchman François Gouin, Englishman Harold E. Palmer and American James J. Asher. Gouin published *L'art d'enseigner et d'étudier les langues*[1] in 1880. He gave a detailed description of the use of series without making mention of enacting them. In Palmer's *English through Actions*[2] debt was paid to Gouin and action was brought into prominence. Asher (who wrote the foreword to this book) has done nearly 30 years of research which has clearly established the high effectiveness of Total Physical Response with students of all ages. A psychologist at San José State University, he has published numerous articles describing his research and a book entitled *Learning Another Language Through Actions: The Complete Teacher's Guidebook*,[3] as well as producing several films which demonstrate this approach.

**THE BASICS OF TPR.** Briefly, Asher's approach is based on these three fundaments of language instruction:

• Understanding the spoken language should precede speaking.

• Understanding should be developed through movements of the student's body, especially (but not only) in response to imperatives.

• Speaking should not be encouraged until the student is ready for it.[4]

Asher feels that most approaches cause stress and frustration by requiring students to speak before they are ready to. Responding physically to commands is an extremely efficient way to achieve readiness to speak *without causing stress or frustration.*

**ADVANTAGES OF SERIES.** Among the many advantages of using series in language acquisition/learning are the following: (1) Series facilitate remembering, as Gouin noted. Recent psychological studies have compared the memorization of lists of non-sequential items with logically connected sequences. Such studies have born out Gouin's observations of a century ago. (2) Series provide a context for meaning. (3) Series are life-like situations. The more life-like the situation, the more engaging and motivating it is. (4) While series are good for learning lots of things, they are especially good for expanding students' repertoires of verbs.

**PRACTICAL ADVANTAGES OF IMPERATIVES.** There is an additional advantage to sequences of imperatives for students who have jobs or expect to get them soon. Commands are used with great frequency in most, if not all, job areas.

---

[1]Paris: Librairie Fischbacher; English translation by H. Swan and V. Bétis, *The Art of Teaching and Studying Languages*, London: Philip, 1892.

[2]Co-authored by his daughter, Dorothée Palmer, Tokyo: Institute of Research in Language Teaching, 1925; slightly revised later edition: London: Longman, 1959.

[3]Los Gatos, Calif.: Sky Oaks Productions, 3rd ed., 1986.

[4]Ibid., page 2-4.

A research project done in Texas[5] showed that in over 4,000 oral samples of language on the job *a full 40% involved imperatives!* The samples were gathered from 12 diverse fields of work, including business, welding, health, food service and auto mechanics. The same study also indicated that *most verbs are useful in all vocations*, whereas nouns tend to be specific to a particular occupation. These findings strongly suggest that learning series of commands is highly useful to students involved in a variety of activities.

**PUBLISHING HISTORY.** *Live Action English* was first published in 1979. To our amazement, it has enjoyed 12 printings, and about 44,000 copies are now in print. Two years after the initial publication in the United States, a British edition appeared.[6] In 1985 a set of 2 *Live Action English Cassettes* was produced. The materials in *Live Action English* were developed in the classroom in work with adult learners of English and, in many cases, Spanish. Much to our surprise again, the English version has been widely used with elementary and secondary school and college students as well as with adults. It has been used successfully with students of many and diverse nationalities all over the world—in Italy, the U.S., Canada, China, Korea, Thailand, Japan, the Philippines, Indonesia, Australia, Brazil, most of Spanish America, Spain, France, Germany, Austria, the U.K., Israel, Morocco, Nigeria and many other areas—with remarkable enthusiasm. Many of the series have also been used with American students who were learning Italian, Japanese, Spanish, French, German, Finnish and other languages—with the same enthusiasm.

**FOREIGN LANGUAGE VERSIONS.** Foreign language versions of *Live Action English* have been published or will appear soon in Italian (*Viva l'azione!*), French (*Vive l'action!*), Spanish (*¡Viva la acción!*) German (*Lernt aktiv!*) and Japanese (*Iki Iki Nihongo*). (See last page of this book.)

**SIMILAR MATERIALS.** Several books have appeared which are derived from *Live Action English* or are similar to it and *¡Viva l'azione!* in that they consist of series of actions. While only two of the following materials are available in Spanish, all the others can be adapted for use in Spanish:

(1) *Action English Pictures*, with illustrations by former English student Noriko Takahashi and text by Maxine Frauman-Prickel (Hayward, Calif.: Alemany Press, 1985), is based directly on *Live Action English*. It consists of 66 duplicatable picture lessons—37 of which are the very same series which are in *Viva l'azione!* but without words. There is a picture for each line of text in the included *Viva l'azione!* lessons. (See next-to-last page of this book.)

---

[5] In 1979-80 by the Resource Development Institute of Austin, under the direction of Mary Galvan.

[6] Oxford: Pergamon Press, 1981; currently available from London: Prentice-Hall International.

(2) *The Children's Response* by Caroline Linse (Hayward, Calif.: Alemany Press, 1983) is 60 English series deftly designed for elementary school children.

(3) *Actionlogues* by Jody Klopp (Los Gatos, Calif.: Sky Oaks Productions, 1985) presents 25 series with a photograph for each line—available in Spanish, German and French only; cassettes available in all three languages.

(4) *Action Sequence Stories* by Constance Williams (Menlo Park, Calif.: Williams and Williams, 1987 and 1988; currently available from Ballard & Tighe, 480 Atlas St., Brea, CA 92621 (Tel.: (800) 321-4322)) consists of 2 kits of materials, each of which includes 50 six-line command sequences. Italian, English, Spanish, French, Chinese and German versions of the sequences are available.

(5) *English Operations* by Gayle Nelson and Thomas Winters (Brattleboro, VT: Pro Lingua, 1993) has 55 everyday sequences in English. This is a revised and expanded edition of *ESL Operations*, published by Newbury House in 1980.

(6) *Picture It!: Sequences for Conversation* (Tokyo: International Communications, 1978; New York: Regents, 1981; currently available from Prentice Hall Regents in Old Tappan, New Jersey, and Salt Lake City) has 60 eight-line, fully-illustrated sequences which are in a variety of English tenses and were not intended to be acted out. While only a handful are in the imperative, all can be done with action and adapted to the imperative.

(7) *Listen and Act* by Dale Griffee (Tucson: Lingual House, 1982) is "mini-drama" sequences in which a "director" gives commands to "actors" and "actresses" who perform the actions.

## THE AUTHORS INVITE YOU

You are welcome to observe the authors using these materials in their language classes in the San Francisco Bay Area.

**Contee Seely** graduated from Princeton University in 1961. He has taught English to adult speakers of other languages in Ecuador, Peru, Chile and the United States and has also taught Spanish in high school and to adults (including Peace Corps trainees) in the U.S. and at Vista College in Berkeley. He is the author of *¡Español con impacto!* With Libby Romijn he is co-author of *TPR Is More Than Commands—At All Levels* (see page II). Currently he teaches Spanish for Neighborhood Centers Adult School in the Oakland public schools (in the evening). In 1989 he received the Excellence in Teaching Award presented by the California Council for Adult Education. He is director of the Command Performance Language Institute in Berkeley and gives teacher training workshops at all levels on TPR and Blaine Ray's TPR Storytelling (recommended by Prof. James J. Asher). You can reach Contee at (510) 524-1191. He and his wife Maggie have a son, Michael, and a daughter, Christina.

**Elizabeth (Libby) Romijn** grew up in Ann Arbor, Michigan. She received a B.A. in Linguistics from the University of California in Berkeley in 1969 and immediately began teaching ESL that fall for the Mission Campus of City College of San Francisco, where she can still be found teaching today and where she is currently the ESL Program Coordinator. In 1983 she received an M.A. in Linguistics-ESL from San José State University. With Contee Seely she is co-author of *TPR Is More Than Commands—At All Levels.* (see page *ii*) She has presented teacher workshops on TPR and multi-level ESL throughout California. She has two daughters, Rebecca and Tamara Romijn, and lives in Oakland with her husband, Talmadge Heath. Call Contee Seely at (510) 524-1191 for times and locations of Libby's classes. Or call her at her school at (415) 550-4384.

# ACKNOWLEDGEMENTS

We are extremely grateful for the invaluable aid of **Stefano Burba, Giovanni Cerrone, Fabrizio Geri, Diane di Pisa** and **Angela Zawadzki** with the translation. We sincerely thank **Fernando Sánchez Gómez** for his tireless hours of laying out every part of the book. And we deeply appreciate the suggestions of **Berty Segal** and **Ruth Cathcart** which we have incorporated into the introductory sections of all versions of this book. We are indebted to **Julia Montrond**, the translator of the Italian version, *Viva l'azione!*, for providing the idea for the series entitled "Un costume per carnevale" (pp. 134-5). "Il singhiozzo" (pp. 132-133) is an adaptation of a Spanish "audio-motor unit" in a personal communication from **Theodore Kalivoda** in 1974. We thank **David Eaton** for suggesting the unique format of the lessons. We also wish to thank **Maggie Seely, Jaap Romijn, Eduardo Hernández-Chávez, Ken Beck, Judy Winn-Bell Olsen, Helen Valdez, Helen McCully, Patricia Helton** and **James Asher** for their constant encouragement in the writing of the original English version. We are grateful, too, to **Roberta MacFarlane, Nick Kremer** and **Mary Galvan** for information on research dealing with on-the-job language (p. *xiii*). We thank **Peter Taylor** and **Shu Takeda** for the use of his [their] laser printer[s], with which the camera-ready copy for this book was prepared. And we wish to remember **Al Stout**, who regrettably did not live to see *Viva l'azione!* Our greatest thanks go to **OUR STUDENTS**, who have been our inspiration over the last 19 years. These materials have grown and developed in direct response to their joy and enthusiasm in learning this way. We wish you the same enthusiasm and joy.

# PROCEDIMENTI GENERALI PER
# LA MESSA IN PRATICA DELLE SERIE

> L'abilità del professore [risiede] nel
> presentare le esperienze in modo tale
> [da portare] inevitabilmente lo
> studente alla riuscita.
>
> Keith Johnstone
> *Impro: Improvisation and the Theatre*

I procedimenti qui presentati sono da utilizzarsi con adulti, studenti universitari e studenti di scuola superiore. Per la loro utilizzazione con alunni di scuola elementare, vedere la sezione intitolata «Come usare questo libro con studenti di scuole elementari e secondarie» (pag. XXXIV). (Anche se i vostri studenti sono solo adulti, può esservi utile fare riferimento a questa sezione.)

Noterete che ci sono due versioni di ogni lezione—una che fa uso del *Lei* e una che fa uso del *tu*. Usate la forma più adatta alla vostra classe. In generale è meglio usare la stessa forma per un certo periodo di tempo e sempre la stessa durante ogni lezione. Per evitare confusione non mescolate le due forme fino a quando l'uso di una delle due non sia stata imparata bene, il che può richiedere un certo tempo. Vi consigliamo, a meno che i vostri studenti non siano ad un livello avanzato, di *non* usare le forme plurali di una lezione anche quando state dando comandi a tutta la classe. Fate come se steste parlando ad un individuo solo, altrimenti gli studenti rischiano di fare confusione tra il plurale ed il singolare quando si trovano alla fase espressiva della lezione (vedi le tappe seguenti 5-7).

**L'obiettivo finale** di questi procedimenti è lo sviluppo in ogni studente della capacità di impartire gli stessi comandi ad altri e, vice versa, la capacità di rispondere fisicamente ai comandi dati da altri. Le prime 6 tappe qui elencate **preparano ad un lavoro efficace ed indipendente nella settima ed ultima tappa:**

A. FASE RICETTIVA: L'ASCOLTO

1. Preparativi (1-2 minuti)
2. Presentazione iniziale della serie (1-2 minuti)
3. Azione animata di gruppo (2-3 minuti)

B. FASE RICETTIVA: LA LETTURA (E UN POCO DI SCRITTURA)

4. Ricopiatura (2-10 minuti, a seconda della necessità di copiare la serie o no e secondo l'età ed il livello di abilità di scrittura degli studenti)

C: FASE ESPRESSIVA: LA PAROLA

5. Ripetizione orale e tempo previsto per domande e risposte (5-10 minuti)
6. Alcuni studenti parlano/altri rispondono (5-10 minuti)
7. Tutti gli studenti lavorano in coppia (5-15 minuti).

Le prime sei tappe sono solo suggerite e possono essere adattate o alternate. Avete la libertà di sperimentare e **fare tutto quello che ritenete necessario per preparare gli studenti alla settima tappa.**

Se vi succedesse di non avere abbastanza tempo durante la lezione, ricominciate da capo all'inizio della lezione seguente. La revisione avverrà più velocemente e renderà le cose più facili a tutti.

Segue la descrizione dettagliata di ciascun procedimento.

## PRIMA DI COMINCIARE—COME PREPARARE GLI ACCESSORI (DIDATTICI)

**Queste lezioni sono state specificamente ideate per essere usate con accessori.** Se non avete mai usato accessori, vi domanderete se valga la pena di investirci tempo e preparazione. L'esperienza ci ha insegnato che possono essere inestimabili sia come fonte di divertimento che come aiuto alla comprensione ed alla memorizzazione. Per gli accessori necessari ad ogni lezione vedete pag. 139-148 e mettete insieme quelli di cui avete bisogno prima di cominciare a lavorare su una serie particolare. Se non siete in grado di procurarvi un oggetto adeguato, a volte potrete improvvisare facendo uso di qualcosa di simile per forma e misura. (Riguardo gli accessori consultate anche *The Command Book* di Stephen Silvers, Los Gatos, Calif.: Sky Oaks Productions, 1988; per idee sull'utilizzazione di disegni semplici e aiuto sul come realizzarli, consultate *Chalk Talks* di Norma Shapiro e Carol Genser, Berkeley, CA: Command Performance Language Institute, 1993; tutti e due i testi sono disponibili solo in inglese.)

La presentazione deve essere realistica ed esplicita. Ciò è particolarmente importante, soprattutto nel caso degli studenti più giovani ed in quello dei principianti di tutte le età. La lingua deve essere veramente un «happening» che agisce direttamente sui muscoli ed i sensi degli studenti. Vivere totalmente l'esperienza di una situazione lascia una forte impressione e collega le parole a qualcosa di vero, rendendo l'apprendimento più facile, più efficace e più piacevole per lo studente.

L'uso degli accessori costituisce soltanto uno dei vari modi usati per rendere chiaro il significato delle parole agli studenti. Ripassate le serie, pensando a come ne presenterete ogni segmento ad una particolare classe. Certi gruppi richiederanno una presentazione più esauriente di altri. Certi aspetti della lingua dovranno essere trattati con trattati con maggiore o minore attenzione in determinate classi - relativamente al livello della classe o alle differenze tra la lingua materna dell'alunno e l'italiano.

## A. FASE RICETTIVA: L'ASCOLTO

### 1. ORGANIZZAZIONE E LAVORO PRELIMINARE

Organizzate la situazione della serie davanti ai vostri studenti, all'inizio dell'ora, mentre stanno entrando in classe o mentre stanno finendo altro lavoro, o anche quando la loro attenzione è già rivolta verso di voi. Per certe serie ciò significherà semplicemente sistemare qualche oggetto. Qualche volta potrete improvvisare con qualsiasi oggetto abbiate a disposizione. Per esempio in «Un assegno da viaggio» (pag. 70-71) la spalliera di una sedia o delle tende alla veneziana possono servire da sportello di banca, oppure lo spazio fra una fila di sedie e l'altra può diventare la strada di una città o un trampolino. Per altre serie potrete aver bisogno dell'illustrazione di una strada particolare o di una scena (un manifesto, una fotografia ritagliata da una rivista o, semplicemente, un disegno fatto alla lavagna da voi o da uno dei vostri studenti). Come, ad esempio, una strada del centro per la serie «Andando a comprare un cappotto» (pag. 22-23), una cabina telefonica per la serie «L'uso di un telefono pubblico» (pag. 60-61) o un caminetto per «Facendo un fuoco» (pag. 94-95). Per altre serie, come ad esempio «Appuntamento col dottore» (pag. 118-119) e «Un taglio di capelli» (pag. 86-87) avrete bisogno di avvalervi dell'aiuto di qualche studente per interpretare i ruoli della centralinista, dell'infermiera, del dottore, del barbiere ecc.

Descrivete quello che state facendo, così da introdurre una serie in modo naturale. Per esempio per la serie «Lavatevi le mani» (pag. 2-3) potrete fare commenti tipo «Adesso vado a lavarmi le mani» oppure «Toh! Che mani sporche!» (Forse lo sono veramente a causa di qualche altra cosa che stavate facendo) Poi, presentando ogni oggetto, chiedete se c'è nessuno che ne conosca il nome italiano. Mostrate il sapone e chiedete: «Che cos'è?» poi fate lo stesso con l'asciugamano e il rubinetto. Se c'è qualcuno fra i presenti che conosce le parole *lavandino e stanza da bagno* indicate che vi trovate nel bagno o davanti al lavandino. Se la vostra aula è piccola, sarà meglio andare ad un lavandino vero per la dimostrazione iniziale.

### 2. DIMOSTRAZIONE INIZIALE DELLA SERIE

A questo punto chiedete agli studenti di non parlare più: «Non parlate, non ripetete; guardate solamente e ascoltate bene.» *È essenziale che adesso tutti facciano attenzione all'azione.*

Se in classe avete uno studente/una studentessa che capisce tutti o parte dei comandi, oppure un aiutante o un ospite, chiedete a questa persona di rispondere fisicamente (con *molta espressione*) alla vostra lettura della serie. Se non vi è tale persona in classe, potete chiedere a uno studente capace, di leggere la serie ad alta voce mentre voi fate la dimostrazione oppure potete leggere e dimostrare la serie da soli. Un'altra alternativa è quella di registrare la serie su di una cassetta prima della lezione. Utilizzate tutto il tempo necessario per accertarvi che ogni azione sia stata completamente capita. Se non siete sicuri che tutti l'abbiano seguita ripetetela una o due volte, utilizzando lo stesso attore/la stessa attrice o scegliendone uno nuovo. Voi e i vostri attori dovrete forse fare uso della pantomima per presentare alcune azioni.

## 3. AZIONE FISICA COLLETTIVA

Ringraziate il vostro attore/la vostra attrice, e rivolgetevi a tutti dicendo: «E adesso sarete *voi* a lavarvi le mani». Potete anche cominciare col dire: «Guardati le mani! Sono sporche! Bleah! Apri il rubinetto, ecc.»

Probabilmente dovrete chiedere di nuovo che nessuno ripeta o parli durante tutto questo tempo. Adesso tocca a loro rispondere fisicamente ai comandi sperimentando l'uso delle parole quale metodo di comunicazione, imparando mediante il movimento, *vivendo* la lingua. Generalmente non tutti sono in possesso degli oggetti della serie. Per questo motivo dovranno mimare quelle azioni che non possono eseguire realmente. A questo punto molti avranno bisogno di un po' di incoraggiamento. Se qualcuno, ad esempio, non apre l'acqua potete dargli il rubinetto e dirgli: «Per favore apra/i il rubinetto»; se qualcuno non si lava le mani, potete chiedergli: «Dov'e il sapone?». Se alcuni di loro dicono che non stanno facendo queste cose perché le capiscono già, dite loro che capire, anche se è senz'altro importante, non è abbastanza, e che *ricorderanno* le parole molto più facilmente se ne faranno anche l'*esperienza.*

È possibile che alcuni adulti si sentano un po' insultati all'inizio, pensando che queste pantomime siano infantili. Ma abbiamo visto molto raramente studenti che continuano a pensarla così dopo anche una sola lezione, perché si rendono conto molto presto di quanto stanno imparando e con quale facilità. Perfino gli studenti a livello più avanzato imparano parole nuove ed il loro uso mediante la maggior parte delle serie.

*Soprattutto prendete nota : Può essere consigliabile ripetere la terza tappa varie volte in occasioni diverse (dando quindi l'occasione agli studenti di assimilare la serie) prima che la leggano e la riproducano oralmente, specialmente per le classi di principianti. Altre classi possono essere pronte a riprodurre oralmente la serie il giorno stesso della dimostrazione iniziale.*

## B. FASE RICETTIVA: LETTURA (E UN PO' DI SCRITTURA)

Le prime tre tappe dei procedimenti sono quelle dell'ascolto o fase ricettiva. La quarta tappa consiste nel leggere e nello scrivere. Generalmente gli studenti non dovrebbero procedere alla lettura o alla scrittura fino a quando non siano pronti per la fase dell'espressione orale, che è compresa nelle tappe da 5 a 7. *Due elementi chiave indicano che la preparazione è tale da poter procedere:*

1. La capacità di rispondere fisicamente senza esitazione
2. L'abilità di ripetere con facilità le parole del professore

Se i vostri studenti sono bambini che non hanno ancora raggiunto l'età della pubertà, o si trovano proprio a quel punto, non dovrebbero ricopiare le serie prima d'avere completato *tutte* le altre tappe. (Vedi la sezione intitolata «Come usare questo libro con studenti di scuola elementare e secondaria» alla pagina XXXIV.) I bambini al disotto della quinta elementare (10 o 11 anni) normalmente non effettueranno le tappe dalla quarta alla settima. Studenti universitari e adulti copieranno la lezione (tappa 4) solo se imparare a scrivere correttamente è uno dei loro obiettivi nello studio dell'italiano.

## 4. COPIA SCRITTA

Quando tutti gli studenti sono capaci di rispondere fisicamente, senza esitazione, ai comandi della lezione, esibitene una copia di grande formato. Potete mettere la copia su un poster riutilizzabile o sulla lavagna, oppure potete usare un episcopio. *Accertatevi che la lezione che mostrate sia facile da leggere da ogni angolo dell'aula.* Fate copiare la lezione completa agli studenti nei loro quaderni. Oltre a, o invece di usare la copia di grande formato, gli studenti possono copiare la serie direttamente dal libro di testo. Copiare la lezione è utile di per sé, soprattutto per gli studenti più giovani e per i principianti. Questo è un esercizio di base di scrittura e lettura.

Una volta che tutti sono in possesso di una copia del testo, leggetela a voce alta, mentre gli studenti si limitano ad ascoltare e seguono la lettura. *Dite loro che non ripetano durante la prima lettura.* Poi chiedete se vi sono domande sul significato delle parole. *Cercate di rispondere a queste domande a gesti piuttosto che traducendo.*

NOTATE PER FAVORE: La copia da esibire sarà molto utile da questo punto in poi, perché vi permetterà di indicare le parole individualmente. È d'aiuto anche nel mantenere il contatto diretto tra studenti e professore e a non tenere gli alunni sepolti in libri e quaderni.

## C. FASE ESPRESSIVA: PARLARE

### 5. RIPETIZIONE ORALE E TEMPO PER DOMANDE E RISPOSTE

Domandate agli studenti di ripeter ogni riga dopo di voi, dando loro tempo sufficiente per ripetere le parole particolarmente difficili da pronunciare o da capire. *Assicuratevi che ogni studente possa sentire chiaramente la vostra pronuncia. Se* lui/lei non potesse, non sarebbe in grado di pronunciare correttamente a sua volta.

Se la classe ha incontrato serie difficoltà di pronuncia, dovrete ritornare alla fase ricettiva e fare ulteriori esercizi di animazione, individuali (tappa 2) e di gruppo (tappa 3), prima di cercare di far ripetere di nuovo agli studenti la lettura della serie. Questa può anche essere l'indicazione che il gruppo di studenti in questione è ad un livello troppo basso per quella particolare serie. In questo caso fate riferimento alla sezione intitolata «Come Usare Questo Libro con i Principianti» alla pagina XXXII.

Date agli studenti un po' più di tempo per leggere le serie, poi fate altre domande.

## 6. ALCUNI STUDENTI PARLANO/ALTRI RISPONDONO

Adesso un volontario o uno studente a vostra scelta darà a voi gli ordini della serie completa. Oppure, visto che ogni riga è numerata, assegnate una riga o due a diverse persone. Se state lavorando solo con volontari, a questo punto, probabilmente alcuni studenti non avranno mai l'opportunità di leggere, per cui è preferibile *scegliere* i lettori, almeno qualche volta.

Questo è un momento buono per occuparsi dei problemi di pronuncia. Di solito se uno studente ha difficoltà di pronuncia, non è il solo e ciò significa che è necessaria un'ulteriore pratica di gruppo. Assicuratevi che tutti gli studenti sentano bene. Questo è l'elemento essenziale per una buona pronuncia.

A questo punto potreste chiedere a uno studente di rispondere fisicamente dal suo banco davanti al resto della classe mentre un altro studente legge. Potrebbe esserci uno studente nuovo o meno atto a rispondere, che non sembra capire. Questo è il momento adatto per scoprire se si tratta di timidezza (da parte dello studente), di confusione su questo metodo, o se lo studente non capisce veramente ciò che viene detto. Qualunque sia il problema, probabilmente può essere risolto man mano che questo alunno segue i comandi datigli dagli altri, con un po' d'incoraggiamento da parte vostra.

Potreste anche chiedere ad altri studenti di dare gli ordini delle serie a voi o a tutta la classe. Ricordatevi che quello che state facendo veramente è preparare gli studenti a lavorare sulle serie da soli. Continuare o ripetere la tappa n° 6 dipenderà a questo punto dal modo in cui rispondono gli alunni.

## 7. GLI STUDENTI LAVORANO IN COPPIA

Quando potete accertarvi della capacità degli studenti di capire, pronunciare e rispondere fisicamente agli ordini della serie, chiedete loro di lavorare in coppia o a gruppi di tre, con uno studente che dà i comandi o li legge, e un altro, o gli altri, che ascoltano e rispondono fisicamente. Così facendo ogni studente si sentirà capace di parlare realmente l'italiano e vedrà come altri studenti rispondono ai suoi comandi. In questo modo gli studenti comunicheranno effettivamente nella lingua straniera ed in situazioni realistiche.

Potete formare i gruppi voi stessi per creare migliori condizioni di apprendimento o potete lasciare che gli studenti scelgano i propri partners.

Il professore sarà così anche libero di lavorare individualmente con gli studenti. Potete valutare la lezione, la vostra presentazione, il livello di comprensione ed il progresso individuale degli studenti. Il vostro ruolo, adesso, cambia da regista ad aiutante. Circolate per l'aula ascoltando, aiutando, correggendo, approvando, incoraggiando gli studenti restii. Potete dire agli studenti: «Ricorderete meglio le nuove parole se rappresenterete voi stessi le serie e le farete rappresentare agli altri». Il fine non è d'imparare a memoria le serie, ma piuttosto di farle utilizzare in comunicazioni realistiche. Accertatevi che ogni studente esegua ogni serie almeno due volte—una volta dicendola e una volta rappresentandola (con l'eccezione degli studenti non ancora pronti ad esprimersi oralmente; questi alunni dovrebbero essere affiancati a studenti di un livello più avanzato e dovrebbero soltanto rispondere). Gli studenti più preparati, o quelli che hanno già eseguito la serie, possono essere incoraggiati a provare la serie senza guardare la copia scritta. Rispondete alle domande che gli studenti non avevano voluto fare, per timidezza, davanti al gruppo.

È utile trovare uno studente abituato a lavorare con questo metodo in modo che possa aiutare uno studente nuovo. A volte, tuttavia, i nuovi studenti potrebbero avere bisogno di lavorare con *voi* individualmente e drammatizzare tutta le serie in modo da capire il metodo di lavoro.

Alcuni studenti avranno bisogno di essere guidati più di altri, sul come utilizzare questo tempo. Quelli che passano tutto il tempo ricopiando la lezione o traducendo le parole, talvolta agiscono così solo perché non sanno che altro fare. Insistete sul fatto che queste sono cose che possono anche fare a casa, e che questo intervallo di tempo è da utilizzarsi per la pratica orale e la risposta fisica.

In ogni caso lasciate che gli studenti seguano i loro impulsi. Resterete sorpresi dalla grande varietà di attività alle quali diverse persone lavoreranno durante questa fase. Più libertà lascerete loro, più il loro lavoro sarà vario. D'altra parte alcune delle attività che vi possono sembrare irrilevanti o perfino controproducenti, in effetti possono essere di grande aiuto allo studente che le effettua. Ciascuno ha il suo proprio modo di imparare, di fissare dati nella memoria e di verificare la propria comprensione della materia. Date abbastanza tempo per approfondire e tenete gli occhi e le orecchie aperti. La vostra sensibilità può essere di grande aiuto ad alcuni e può aiutare voi a servirvi meglio delle altre serie. Fate attenzione ai problemi specifici che i vostri studenti possono avere con il linguaggio delle serie, potrete forse evitare gli errori più comuni. Quando gli studenti finiscono di fare pratica, congratulatevi con loro sul buon lavoro fatto. Potete eventualmente chiedere alla classe di ripetere dopo di voi gli elementi più difficili della lezione—o la serie intera—un'ultima volta.

Potete fare la revisione di una serie in qualsiasi momento. In generale noterete che la memorizzazione è maggiore che con altri tipi di esercizi. La revisione la renderà ancora migliore.

Questi procedimenti sono utili, con piccoli adattamenti, per preparare gli studenti ad altre attività di coppia, a parte quelle delle serie. Molti professori fallisco nel loro primo tentativo di far lavorare gli studenti in coppia. La maggior difficoltà sta nella mancanza di preparazione degli studenti. Con i procedimenti sopraelencati gli studenti sono preparati adeguatamente. (Consultate Seely e Romijn, *TPR is More Than Commands—At Any Level,* Berkeley, Calif.: Command Performance Language Institute, 1993; disponibile solo in inglese.)

# GENERAL PROCEDURES FOR
# ENACTING EACH SERIES

> The teacher's skill [lies] in presenting
> experiences in such a way that the
> student [is] bound to succeed.
> Keith Johnstone
> *Impro: Improvisation and the Theatre*

These procedures are intended to be used with adults, with college students and with secondary school students. For use with elementary and secondary level students, see the section entitled "Using This Book with Elementary and Secondary School Students" (p. XXXIII). (If you are teaching adults, you may also want to look at this section.)

You will notice that there are two versions of each lesson—one with the *Lei* form and one with the *tu* form. You may choose whichever form is more appropriate for your class. Generally it is best to use the same form over a period of time. And you should use only one form in a class session. To avoid confusion don't mix the two forms until one of them has been firmly acquired—which may take quite a while. Also, unless your students are relatively advanced, we would advise you *not* to use the plural forms in a lesson even when giving commands to the whole class. Pretend that you're talking to each student individually. Otherwise they are likely to confuse the plural with the singular form when they speak in the expressive stage of the lesson (steps 5-7 below).

The **final objective** of these procedures is for each student to be able to tell another student to perform the series at hand and, conversely, to be able to respond physically to another person's delivery of the commands. The first six of the following steps are used as **a method of preparing students to be ready to work effectively and independently in the seventh and final step:**

A. RECEPTIVE STAGE: LISTENING

   1. Setting up (1-2 minutes)

   2. Initial demonstration of series (1-2 minutes)

   3. Group live action (2-3 minutes)

B. RECEPTIVE STAGE: READING (AND SOME WRITING)

   4. Written copy (2-10 minutes, depending on whether or not students must copy it and also on the writing skills and age level of the students)

C. EXPRESSIVE STAGE: SPEAKING

    5. Oral repetition and question/answer period (5-10 minutes)

    6. Student(s) speaking/other person responding (5-10 minutes)

    7. Students all working in pairs (5-15 minutes)

The first six steps are only suggestions and can be changed or alternated. You may experiment and **do whatever you find necessary to properly prepare students for step seven.**

If you ever run out of time during a class session, start at the beginning again at the next session. The review will go faster and make things easier for everybody.

A detailed description of each of the suggested procedures follows.

BEFOREHAND—PREPARING REALIA

**These lessons are specifically intended to be used with props.** If you have never used props before, you may question the value of spending the time to gather and prepare them. We have found that they are invaluable not only as a source of fun but as an aid to comprehension and retention. See the list of props necessary for each lesson on pp. 144-48, and assemble the props you need before you begin working on a particular series. If you can't manage to come up with an appropriate prop, you can sometimes improvise by using something similar in shape and size. (Regarding props see also *The Command Book* by Stephen Silvers (Los Gatos, Calif.: Sky Oaks Productions, 1988); for help and ideas on making simple drawings, see *Draw It Out!: A Picture Handbook for the Language Teacher* by Norma Shapiro and Carol Genser (1984; available from the authors at 5448 Allot, Van Nuys, CA 91401; phone: (818) 780-3316); both books are in English only.)

The presentation should be realistic and obvious. For younger students and lower level students of all ages, this is especially true, so that the language will really be about a "happening" which is affecting the students' muscles and their senses. Totally experiencing the situation makes a strong impression and connects the words to something real, making learning much easier, more effective and more enjoyable for any student.

Props will be just one of various ways in which you will make meaning clear to the students. Go over the series, thinking about just how you will present each bit of the series to the particular class you intend to use it with. Some groups will require a more thorough presentation than others. Certain items may require greater or less attention with some classes—due to the level of the class or to similarities and differences between the first language of the learners and Spanish.

## A. RECEPTIVE STAGE: LISTENING

### 1. SETTING UP and Working Into the Series

Set up your situation in front of the students' eyes—as they are assembling at the beginning of class, or as they are finishing up some other work, or even with their full attention. For some series this will only involve laying out some props. Sometimes you can improvise with whatever is available. For example, in "Un assegno da viaggio" (pp. 70-71) the rungs in the back of a chair or a Venetian blind may serve as the teller's window. Or an aisle can be a city street or a diving board. In other series you may need an illustration of a certain room or scene (commercially produced, cut from a magazine, or simply drawn by a student or yourself on the board), such as the downtown street in "Andando a `comprare un cappotto" (pp. 22-23), una cabina telefonica per la serie "L'uso di un telefono pubblico" (pp. 60-61) or the fireplace in "Facendo un fuoco" (pp. 94-95). In still others, such as "Appuntamento col dottore" (pp. 118-19) and "Un taglio di capelli" (pp. 86-87), you'll need to recruit some students for minor roles and introduce them as the receptionist, the nurse, the doctor, the barber, etc.

Talk about what you are doing in order to work into the series naturally and casually. For example, for "Lavatevi le mani" (pp. 2-3) you might make remarks such as: "Adesso vado a lavarmi le mani" or, looking at your hands, "Toh! Che mani sporche!" (maybe they really are, from something else you've been doing). Then, as you set out each object, ask if anyone knows its name. Hold up the soap and ask, "Che cos'e?" and repeat with the towel and the faucet. If anyone would understand the words *Lavandino* and *stanza da bagno* indicate that you are in the bathroom or at the sink. If your class is small, you may even go to a real sink for the initial demonstration.

### 2. INITIAL DEMONSTRATION OF SERIES

Now ask the class not to talk any more: "Non parlate, non ripetete; guardate solamente e ascoltate bene." *It is essential that everyone be paying attention to the action now.*

If you have a student who might understand some or all of the commands in the series, or an aide or a visitor, have that person respond physically to your reading (with *loads* of expression!) of the series. If no such person is available, demonstrate the action yourself the first time. Take plenty of time to make sure each action is fully understood. If you're not sure that everyone followed it, repeat it once or twice, using the same "performer" again, or a new one each time. You or the performer(s) may have to use pantomime for some actions.

3. GROUP LIVE ACTION

Thank your performer and address the entire class with: "E adesso sarete *voi* a lavarvi le mani." You might even begin with: "Guardati le mani! sono sporche! bleah! apri il rubinetto, ecc."

You will probably have to ask again that no one repeat or talk at all during this time. Now they are to respond physically to the imperatives, experiencing the words as real communication, learning with their muscles, *living* the language. Usually not every person has every object in the series. So they can pantomime the actions which they cannot actually perform. Many people need some prodding at this point. If someone does not turn the water on, you might hand that person the faucet and repeat, "Per favore apra/i il rubinetto" If some people don't wash their hands, you might ask, "Dov'e il saponeI?" If some people say they don't need to do these things because they already understand them, tell them that although understanding is of course necessary, it's not enough, that they will *remember* the words much better if they *experience* them.

Some adults may even be a little insulted at first, feeling that these little pantomimes are childish. However, we have rarely seen any students continue to feel this way after one lesson, because they realize very quickly how much they are learning and how easily. Even advanced students learn some new words and usages in most series.

*Note especially: It is advisable to go through step 3 several times on different occasions (thereby allowing students to thoroughly internalize the series) before they read it and produce it orally. The lower the level of the class, the more times it is necessary to do this.*

B. RECEPTIVE STAGE: READING (AND SOME WRITING)

The first three steps in the procedures are the listening or receptive stage. Step 4 is reading and writing. Students generally should not proceed to reading or writing until they are ready for the speaking or expressive stage, which is steps 5 to 7. *There are two keys to readiness to proceed:*

1. Unhesitating facility in responding physically to the commands

2. The ability to repeat easily after the teacher

If your students are children at or below puberty, they would normally *not* copy the series until they have completed *all* other steps. (See the section entitled "Using This Book with Elementary and Secondary School Students" on page XXXIII.) Children below the 5th-grade level (10-11 years old) would normally *not* do steps 4-7. College and university students and adults might not copy the lesson (step 4), depending upon whether writing is one the goals of their study of Spanish.

## 4. WRITTEN COPY

When all the students can respond physically without hesitation to the lesson, display a large copy of it. You may put it on a reusable poster or on the chalkboard, or you may use an overhead projector. *Make sure the lesson is easy to read from anywhere in the classroom.* Have all the students copy the entire lesson in their notebooks. In addition to or instead of using the large copy, you may have each student use a copy of the textbook. Copying the lesson can be useful in itself, especially for younger and low-level students. This is an early-stage reading and writing exercise.

After everyone has a copy, read it to them while they listen and follow only. *Do not have them repeat after you during this first reading.* Then ask if they have any questions about the meaning. *Try to answer these questions with motions rather than translations.*

PLEASE NOTE: The large display copy is very useful from this point on, because it allows you to point out individual words and phrases. It also helps by keeping the students in touch with the teacher or with their partners instead of buried in their papers or books.

## C. EXPRESSIVE STAGE: SPEAKING

## 5. ORAL REPETITION and QUESTION AND ANSWER PERIOD

Next have the students repeat each line after you, taking plenty of time to go over individual words which are particularly difficult to pronounce or understand. *Make sure every student can hear your pronunciation fully.* If s/he can't, s/he won't be able to pronounce well.

If the class is really struggling to pronounce, you should return to the receptive stage and do more individual (step 2) and group (step 3) live action before getting them to repeat after you again. Or, this may be an indication that the group is at too low a level to deal with the particular sequence you are doing with them. In this case, look at the suggestions in the section entitled "Using This Book with Very Low Beginners" on page XXXI.

Give the students some extra time to look over the series and ask more questions.

6. STUDENT(S) SPEAKING/OTHER PERSON RESPONDING

Now ask for a volunteer, or choose a student, to tell *you* to do the entire series. Or, since each line is numbered, assign several individuals a line or two by number. If you only take volunteers at this point, probably some students will never read, so it is best to *choose* readers, at least sometimes.

This is a good opportunity for you to hear pronunciation problems. Generally, if one student has a problem pronouncing a certain word or phrase, there are others too, and this means more group practice is needed. Make sure the students hear well. This is the first essential for good pronunciation.

Next you may want to have one student do the physical responses in front of the class or at his or her desk as another student reads. There may be a new student or less responsive student who doesn't seem to be following the language. This is a good time to find out if this is just shyness, or confusion about the new method, or if indeed s/he doesn't understand what is being said. Whatever the problem is, it can probably be ironed out as that student follows the other's commands, with some encouraging prompting from you.

You may want to have more students tell you or the whole class to do the series. Remember that what you're doing is preparing them to do the series unsupervised. Whether or not you go on or repeat steps 5 and/or 6 a few times depends on how the students are sounding and responding.

7. STUDENTS ALL WORKING IN PAIRS

When you feel that the students are clear enough on the language of the series (comprehending, responding, pronouncing), ask them to work in pairs or threes, one telling (or reading) and the other(s) listening and responding physically. In doing so, each student will experience the power of actually speaking Italian and having his or her commands acted upon by another person, thus truly communicating in Italian about something which is actually occurring.

You may form the groups yourself to allow greater learning opportunities, or you may let the class form its own pairs or threes. Make sure everyone has a partner (or partners).

This also frees the instructor to work individually with students. You can evaluate the lesson, your presentation of it, the students' grasp of it and individual progress. Your job now changes from director to aide. Go around the room listening, helping, correcting, approving, encouraging reluctant students to practice. You may tell them: "Ricorderete meglio le nuove parole se rappresenterete voi stessi le serie e le farete rappresentare agli altri." Make sure every student goes through the series at least twice—once telling, once responding (except for students who are not yet ready to speak; they should be paired with more advanced students and should respond only). More advanced students, or those who have done this series before, can be encouraged to try it without looking at the copy. Answer questions people may have been too shy to ask before the group.

It is helpful to get a student who is used to working this way to break in a new student. However, occasionally new students may need to have *you* work individually with them, physically going through the entire series, as an example of the way you mean for them to work.

Usually some students will need more guidance than others on how to use this time. People who spend the whole time recopying the lesson or looking up and translating words may be doing so simply because they don't know what else to do. Point out that these are things that can be done at home, and that this time is basically for oral practice and realistic response.

However, do let the students follow their own impulses. You will be surprised at the large variety of things different people will work on at this time. The more freedom you give them, the more that will happen. Furthermore, some of the activities that may seem irrelevant or even counterproductive to you, may in fact be serving some important purpose for the students involved. Different people have different ways of learning, of fixing things in their minds, and of checking their own comprehension and mastery of what has just transpired. Give them enough time to tie up the loose ends as they see them. And keep your eyes and ears open. Your sensitivity to the situation can help some individuals immensely and can help you know how to deal better with other series. When the students finish practicing, call them to order and congratulate them on doing a good job. You may have the class repeat difficult items after you—or the whole series—one last time.

You may review a series at any time. Generally you will find retention notably better than with other types of exercises. And the review will improve it even more.

These procedures are useful, with minor adaptations, to prepare students to do other kinds of work in pairs, as well as series. Many teachers have been unsuccessful in their previous attempts at having students work in pairs. The main source of difficulty is that the students have not been adequately prepared. Using the above procedures, students *are* properly prepared. (See Seely and Romijn, *TPR is More Than Commands—At Any Level*, Berkeley, Calif.: Command Performance Language Institute, 1993; available in English only.)

# COME USARE QUESTO LIBRO
## CON I PRINCIPIANTI

Con i principianti vi suggeriamo di *non* cominciare con i procedimenti presentati dalla pagina XVII alla pagina XXIV. Per «principianti» intendiamo studenti che sono *veramente nuovi* allo studio dell'italiano, quelli che non hanno nessuna esperienza con l'italiano. Questi studenti possono avere bisogno di ascoltare la lingua e farne l'esperienza in un contesto significativo per un tempo considerevole prima di venire incoraggiati a parlare.

Ecco qualche consiglio per aiutare i nuovi studenti nello studio della lingua italiana:

1. Seguite soltanto le prime tre tappe dei procedimenti, eseguendo diverse serie molte volte ciascuna prima di incoraggiare gli studenti a verbalizzare qualsiasi parte della serie. In questo modo assimileranno il materiale a fondo prima di utilizzarlo oralmente e si sentiranno maggiormente a loro agio quando cominceranno ad usarlo.

2. Semplificate considerevolmente le serie (vedete #2 degli «Adattamenti Creativi» alla pagina XXXVI). Oppure eseguite le prime tre tappe (fase ricettiva) completamente; poi ricominciate da capo, adoperando una versione semplificata delle serie; questa volta percorrete tutte e 7 le tappe.

3. Scegliete alcuni dei comandi più semplici da serie diverse e lavorateci per un po' di tempo facendo ascoltare e rispondere fisicamente gli studenti. Potete utilizzare diverse combinazioni usando sostantivi con verbi di vostra scelta, come indicato al #5 della pagina XXXVI.

4. Inventate ed effettuate dei dialoghi-azione molto brevi. Vedi pagina XXXVIII, #10. Assicuratevi che ogni studente sia adeguatamente preparato prima che faccia un dialogo personale. Ciò vuol dire che (a) ne ha fatto l'esperienza visiva in un contesto significativo diverse volte e (b) ha ascoltato molte volte una buona pronuncia, naturale (ma *non* troppo veloce) ed è stato in grado di imitarla.

# USING THIS BOOK WITH
# VERY LOW BEGINNERS

With very new learners of Italian, we suggest you *not* begin by using the full procedures given on pages XXV to XXXI. By "very low beginners" we mean learners who are *really new* to Italian, who have virtually no experience of any kind with Italian. Such learners may need to hear and experience Italian in a meaningful context for a considerable period of time before they are encouraged to speak it at all.

Here are some ways to ease new learners into Italian:

1. Do only the first three steps of the procedures, going over numerous series several times each before you ever encourage the learners to say anything in any series. This way they will internalize the material very thoroughly before speaking it and will be very comfortable with it when they finally do say it.

2. Simplify the series considerably (see #2 in "Creative Adaptations" on page XXXIX). Or do the first 3 steps (the receptive stage) in full; then start over, using a simpified version of the series; this time do all 7 steps.

3. Choose some of the simpler commands from various series and work on these for some time with the students listening and responding physically. You can use recombinations by using different nouns with whatever verbs you choose, as in #5 on pages XXXIX and XL.

4. Devise and do *very* brief action dialogs. See page XLI, #10. Be sure every student is adequately prepared before s/he does a dialog on her/his own. This means s/he (a) has experienced it before her/his eyes in a meaningful context many times and (b) has heard good, natural (but *not* fast) pronunciation several times for imitation and has heard it very well.

12. Accenda la luce.

(vedi pagine 6 e 7)
«Arrivando a casa»

# COME USARE QUESTO LIBRO CON GLI STUDENTI DELLA SCUOLA ELEMENTARE E SECONDARIA

Betty Segal, internazionalmente conosciuta come aggiornatrice di professori sul sistema TPR, raccomanda che la scrittura (la copiatura del testo) da parte degli studenti, cominci alla fine dei «Procedimenti generali per la messa in pratica delle serie». In altre parole, la quarta (pagina XXI) delle sette tappe descritte nei procedimenti avviene alla fine. Questo ordine sistema la lettura e la trasmissione dei comandi prima che gli studenti comincino a scrivere o a copiare.

Dopodiché la Signora Segal consiglia di assegnare come compito da fare a casa la copiatura della lezione, lasciando uno spazio di 5 centimetri quadrati sotto e al lato di ogni riga, dove disegnare figure semplici che possano dimostrare che gli studenti abbiano capito il significato di ogni linea. (Vedi **illustrazione** alla pagina XXXIII; per altre idee sulla realizzazione di altri disegni semplici, vedi *Chalk Talks* di Norma Shapiro e Carol Genser, Berkeley, CA: Command Performance Language Institute, 1993; disponibile soltanto in inglese.)

I suggerimenti della Signora Segal danno i migliori risultati con bambini di 5ª elementare (10-11 anni) ma anche con quelli delle scuole superiori e possono essere utilizzati pure con adulti. Benché certi alunni di 4ª elementare (9-10 anni) se la cavino bene con tutti e sette i procedimenti (pagine XIX e XXIII), altri hanno difficoltà. Con bambini fino alla 4ª elementare le prime tre tappe - le tappe pre-produzione (pag. XIX e XXI) - danno buoni risultati, mentre le ultime quattro tappe (lettura, scrittura ed espressione orale) normalmente non vengono effettuate. Per questi studenti più giovani raccomandiamo vivamente il libro *The Children's Response* di Caroline Linse (vedi #2 alla pag. X). Questo libro è in inglese ma può essere adattato all'italiano.

I bambini la cui lingua materna è la lingua insegnata (compresi quelli in classi di bilinguismo) fino al 6° grado (primo anno di scuola media in Italia, 11-12 anni) traggono profitto e si divertono con le serie sia di *Viva l'azione!* che di *The Children's Response*. Sono due libri molto utili durante le prime fasi dello sviluppo della lettura e della scrittura. Più precisamente sono d'aiuto nell'apprendimento della narrativa cronologica e sequenziale. Sono anche utili, come osserva Caroline Linse, per insegnare ai bambini a seguire istruzioni o a potenziare questa capacità. Per di più possono costituire la base per serie raccontate dagli studenti riguardo alle loro esperienze personali (secondo il sistema LEA «Language Experience Approach») e scritte dall'insegnante; vedi Dixon, Carol N. e Denise Nessel, *Language Experience Approach to Reading (and Writing): Language Experience Reading for Second Language Learners*, Hayward, California: Alemany Press, 1983; disponibile presso Prentice Hall Regents, Old Tappan, N.J.) e forniscono uno stimolo alla scrittura creativa.

Se state insegnando a bambini di scuola elementare, vorrete probabilmente essere alquanto selettivi nello scegliere le lezioni di *Viva l'azione!* da fare. Certe daranno migliori risultati se vengono prima adattate o semplificate ad un livello adeguato.

# USING THIS BOOK WITH ELEMENTARY AND SECONDARY SCHOOL STUDENTS

Ms. Berty Segal, world-renowned TPR teacher trainer, recommends that writing (copying) by the students come at the end of the "General Procedures for Enacting Each Series" (pp. XXV-XXXI). In other words, step 4 (p. XXIX) of the 7 steps described in the procedures is moved to the end. This order places reading and giving commands before writing or copying by the students.

Afterwards, Ms. Segal advises that, as homework, students recopy the lesson, leaving a 2-inch-square (5-centimeter-square) space below and to the side of each line for them to draw simple stick-figure drawings to demonstrate that they understand the meaning of the line. (See the **illustration** on p. XXXIII; for help and ideas on making simple drawings, see *Chalk Talks* di Norma Shapiro and Carol Genser, Berkeley, CA: Command Performance Language Institute, 1993; available only in English.)

Ms. Segal's suggestions work best with 5th-graders (age 10-11) on up through high school students. They may also be used with adults. While some 4th-graders (age 9-10) deal well with all 7 steps in the procedures (pp. XXVII to XXXI), others have some difficulty. With children up through the 4th grade (about age 9), the first 3 steps—the pre-production steps (pp. XXVII and XXVIII)—work well, and the last 4 steps (reading, writing and speaking) are not normally done. For these younger students, we strongly recommend *The Children's Response* by Caroline Linse (see #2 on p. XV). This book is in English but can be adapted for Italian.

Native-speaking children (including those in bilingual classes) up through the 6th grade (age 11-12) also enjoy and profit from the series in both *Viva l'azione!* and *The Children's Response*. They are useful in the early stages of the development of reading and writing skills. Specifically, they are helpful in the learning of sequencing and chronological narration. They are also good for teaching and checking on the skill of direction following, as Caroline Linse points out. In addition, they can form the basis for language experience approach (LEA) stories (stories told by students about their own experiences and written down by a teacher; see Dixon, Carol N. and Denise Nessel, *Language Experience Approach to Reading (and Writing): Language-Experience Reading for Second Language Learners*, Hayward, California: Alemany Press, 1983; currently available from Prentice Hall Regents, Old Tappan, NJ) and provide a stimulus for creative writing.

If you are teaching elementary school children, you will probably want to be somewhat selective in choosing which lessons in *Viva l'azione!* you use. Some will work better if you adapt or simplify them to fit the level.

# ADATTAMENTI CREATIVI

Le lezioni di questo libro offrono molti punti di partenza per un uso creativo del vocabolario in esso contenuto. Considerate l'esempio seguente:

1. Uso delle forme verbali al presente, passato e futuro. Per esempio, «Un bicchiere d'acqua» (pag. 24-25) risulterebbe così al passato: prima l'insegnante o uno degli studenti esegue tutte le azioni in silenzio o rispondendo ai comandi di un altro, mentre il resto della classe guarda. Poi la persona che ha compiuto le azioni dice: «Mi sono versato un bicchiere di latte. Ne ho versato un po' sul tavolo...». Quindi tutti gli studenti ripetono le parole dopo il professore dando rilievo alle forme del passato. Finalmente tutti gli studenti lavorano, in gruppi di due o tre, facendo a turno mimare le azioni e a parlare con gli altri.

   Il presente sarà reso con «Mi sto versando un bicchiere di latte» e il futuro: «Mi versero' un bicchiere di latte». In tutti i casi le azioni sono eseguite nei tempi appropriati, in relazione diretta con le parole pronunciate: i gesti precedono, accompagnano o seguono le parole, a seconda che si stia usando il passato, il presente o il futuro. Avverbi di tempo possono, volendo, essere aggiunti al testo: *prima*, *poi*, *dopo*, *finalmente*, *adesso*, ecc. Nello stesso modo il procedimento può essere utilizzato cambiando i pronomi personali: *tu*, *Lei*, *lui*, *lei*, *noi*, *voi*, *Loro*, *loro*, drammatizzato dalle persone che corrispondono a ciascun pronome. Gruppi di 3 o 4 persone sono necessari ad eccezione degli esercizi con i pronomi *tu*, *Lei* e *noi*.

2. Per i principianti, alcune delle serie possono essere accorciate: per esempio, «Cambiando una lampadina elettrica» (pag. 64-65) potrebbe venire adattata nel modo seguente:

   1. Accendi la luce. La lampadina è fulminata!
   2. Vai a prenderne una nuova.
   3. Svita la lampadina vecchia.
   4. Avvita la nuova dentro il portalampada.
   5. Accendila. Funziona!

3. Il professore pone agli studenti domande su di loro o che possano interessarli, facendo uso del vocabolario della lezione e dei tempi verbali desiderati.

4. Gli studenti pongono delle domande al professore e ai loro compagni di classe, facendo uso del vocabolario della lezione. Qualche volta potete domandare loro di utilizzare un tempo verbale particolare.

5. Utilizzate gli stessi comandi ma in contesti diversi e con oggetti diversi. Per esempio, utilizzando «Arrivando a casa» (pag. 6-7) come punto di partenza, chiedete al vostro gruppo di eseguire le seguenti azioni:

> Và in centro. (Utilizzate un'illustrazione)
> Scendi le scale
> Tira fuori la matita.
> Mettila in tasca.
> Apri la finestra.
> Metti via la matita.
> Accendi la T.V.
> Apri la bocca.
> Chiudila
> Chiudi l'auto a chiave. (Utilizzate un'illustrazione)
> Acendi la radio.

Chiedete poi agli studenti di fare eseguire a voi e agli altri alunni azioni diverse, facendo uso degli stessi verbi e sostantivi da usare insieme, alla lavagna per stimolare gli studenti a farne un uso creativo e per costringerli ad alzare la testa. Potete utilizzare tutti i verbi delle serie per la vostra lista o semplicemente selezionarne qualcuno. 5 o 10 verbi costituiscono una quantità funzionale. Per esempio:

| và (al/alla) | porta | |
| cammina | | lucchetto |
| apri | fuori | |
| gira | armadio | |
| chiudi | giu' | |

eccetera

Si potranno creare frasi quali: «Apri l'armadio», «Chiudi l'armadio», «Vai fuori»... Gli studenti possono aiutarvi a scegliere i sostantivi per l'elenco e possono, ovviamente, usarne altri mentre fanno pratica.

6. Come al n° 5 di cui sopra, improvvisate delle situazioni nuove, facendo uso soprattutto del vocabolario delle serie già drammatizzate. Così facendo si presentano nuove parole. Ciò non crea nessun problema se il loro significato è facile da dimostrare. Infatti, certi studenti ne capiranno subito una buona parte. Lo scenario che ne deriva può essere molto normale e tranquillo, o stravagante ed emotivo. Potete fare lo stesso tipo di lavoro con queste serie improvvisate o potete ignorarle e continuare con altre attività. Gli studenti potrebbero anche improvvisare le loro proprie serie. O sia loro che voi potreste prenderne nota per un'altra volta (magari dopo averle corrette).

7. Gli studenti (e il professore) possono scrivere delle mini commedie teatrali, da mettere in scena usando anche altro materiale oltre ai comandi. Dopo aver attuato un certo numero di serie, gli studenti si saranno abituati ad usare l'italiano con azioni vive e pertanto avranno più facilità a creare le mini commedie. Più i gruppi saranno ad un livello avanzato, più creeranno facilmente le loro scenette.

8. Potete anche evidenziare la parte di vocabolario della serie, non costituita da verbi, servendovi sempre dell'imperativo. Per esempio, da «Le uova strapazzate» (pag. 68-69) voi, o i vostri studenti, potrete produrre:

> Lanciami un *uovo*.
> Metti via il *frullino*.
> Passa il *sale*, per favore.
> Versa *un po' di latte* nella *padella*.
> Va a prendere uno *strofinaccio asciutto*.

9. Potete scrivere le vostre serie personali, così che meglio si adattino alle necessità, agli interessi particolari o all'ambiente dei vostri studenti. Per esempio: medicina, affari, pilotaggio, meccanica o qualsiasi altro passatempo o ambito di lavoro.

10. Dialoghi molto brevi (da 2 a 6 linee) possono essere scritti e messi in scena dopo una adeguata preparazione. (Vedi «Procedimenti generali», da pag. XIX a pag. XXIII). I dialoghi-azione sono dialoghi nei quali le azioni (e i gesti) sono messi in relazione con le parole. Rappresentano uno dei tipi di base degli esercizi di TPR (vedi Seely and Romijn, *TPR is More Than Commands - At Any Level*, Berkeley, Calif.: Command Performance Language Institute, 1993, disponibile solo in inglese). Per esempio:

> 1 - Vuoi grattarmi la schiena?
> 2 - Certo, ma *prima* sei *tu* che mi gratti la schiena.
>     *Poi* io grattero' la *tua*.
> 1 - D'accordo.

Provate e vedrete come possono essere divertenti questi piccoli dialoghi.

# CREATIVE ADAPTATIONS

To a much greater degree than most material, these lessons offer taking-off points for creative use of the vocabulary they contain. Some examples:

1. Verb-form practice in present, past and future. For instance, "Un bicchiere d'acqua" (pp. 24-25) would go like this in the past:  First the teacher or a student does all the actions in silence or in response to someone's commands, while the (other) students watch. Then the person who has done the actions says, "Mi sono versato un bicchiere di latte. Ne ho versato un po' sul tavolo..." Then all the students repeat the words after the teacher, with emphasis on the past forms. And finally all the students go through this in pairs or threes, one person at a time acting, then speaking to the other(s).

   In present continuous you say, "Mi sto versando un bicchiere di latte," and in future, "Mi versero un bicchiere di latte." In all cases the actions are done at the appropriate time in relation to the words spoken; the actions precede, accompany or follow the words depending on whether the movements occur in the past, present or future. Time expressions may be taught and included: *prima, poi, dopo, finalmente, adesso*, etc. Virtually the same process may be used in different persons—*tu, Lei, lui, lei, noi, voi, Loro, loro*—with the proper persons performing. For all of these except *tu, Lei* and *noi*, groups of 3 or 4 are needed.

2. For raw beginners, some of the series can be shortened. For example, "Cambiando una lampadina elettrica" (pp. 64-65) may become:

   1. Accendi la luce. La lampadina è fulminata!

   2. Vai a prenderne una nuova.

   3. Svita la lampadina vecchia.

   4. Avvita la nuova dentro il portalampada.

   5. Accendila. Funziona!

3. The teacher asks the students questions which are about themselves or otherwise of interest, using the vocabulary of the lesson in whatever tense(s) desired.

4. Students ask questions of the teacher and of other students, using vocabulary from the lesson. Sometimes you may wish to ask them to practice a particular tense.

5. Use the same commands but with different contexts, different objects. For instance, using "Arrivando a casa" (pp. 6-7) as your take-off point, tell people:

Va in centro. (use illustration)

Scendi le scale

Tira fuori la matita.

Mettila in tasca.

Apri la finestra.

Metti via la matita.

Accendi la T.V.

Apri la bocca.

Chiudila

Chiudil'auto a chiave. (use illustration)

Acendi la radio.

Then get the students to tell you and other students to do different things, using the same verbs. It is often useful to write the verbs with some possible nouns to combine them with on the blackboard to stimulate creative use by students and to get them to lift their heads. You can use all the verbs in the series in your list or just select certain ones. Five to ten is a good working set. For example:

| va (al/alla) | porta |
| camina | lucchetto |
| apri | fuori |
| gira | armadio |
| chiudi | giu' |

eccetera

Sentences created may be, for instance: "Apri l'armadio," "Chiudi l'armadio," "Vai fuori"... Students may help you choose nouns for the list and may of course use other nouns while practicing.

6. Along the same lines as #5 above, improvise entire new situations, using much vocabulary from series already enacted. As you do this, some new vocabulary often emerges. As long as the meaning of it is demonstrable, this will cause no problem. In fact, some people will pick some of it up right away. The scenario that develops may be very ordinary and calm or extravagant and wild. You may do the usual kind of work with any of these improvised series or you can drop them and go on to other things. Students may also improvise their own series. Or they may write them down for subsequent use (perhaps after correction). You may too.

7. Students (and teacher) can write mini-plays for performance, involving other material as well as commands. After a number of series have been enacted by students, they will be accustomed to using English with live action, and mini-plays come more easily. The higher the level of the group, the easier it will be for them to create their own skits.

8. The non-verb vocabulary of a series may also be focused on with commands. For example, from "Le uova strapazzate" (pp. 68-69) you or your students can produce:

> Lanciami un *uovo*.
>
> Metti via il *frullino*.
>
> Passa il *sale*, per favore.
>
> Versa *un po' di latte* nella *padella*.
>
> Va a prendere uno *strofinaccio asciutto*.

9. You may write your own series to suit the particular needs, interests or environment of your students—such as medicine, business, aviation, auto mechanics or any interest or job area.

10. Very brief **action dialogs** (2-6 lines) may be written and enacted after adequate preparation (see "General Procedures," pp. XXVII to XXXI). Action dialogs are any dialogs with related actions and words. They are one of the basic types of TPR exercises. (See Seely and Romijn, *TPR is More Than Commands—At Any Level*, Berkeley, Calif.: Command Performance Language Institute, 1993; in English only.) For example:

> 1 - Vuoi grattarmi la schiena?
>
> 2 - Certo, ma *prima* sei *tu* che mi gratti la schiena. *Poi* io gratterò' la *tua*.
>
> 1 - D'accordo.

Try this one and you'll see how much fun these little dialogs can be.

Avete il nostro permesso di riprodurre questo assegno da viaggio, così che i vostri alunni possano usarlo con la serie «Un assegno da viaggio» (pag. 68-69).

You have our permission to make copies of this traveler's check for your students to use with "Un assegno da viaggio" (pp. 70-71).

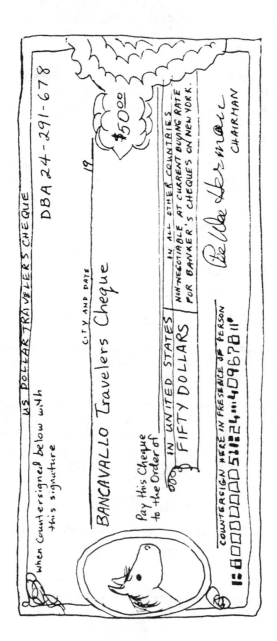

# Le serie di comandi

# SI LAVI LE MANI

1. Lei si laverà le mani.

2. Apra l'acqua.

3. Prenda il sapone.

4. Si lavi le mani.

5. Rimetta a posto il sapone.

6. Si sciacqui le mani.

7. Chiuda l'acqua.

8. Prenda l'asciugamano.

9. Si asciughi le mani.

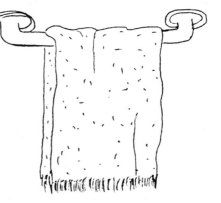

10. Rimetta l'asciugamano sul porta-asciugamano.

# LAVATI LE MANI

1. Ti laverai le mani.

2. Apri l'acqua.

3. Prendi il sapone.

4. Lavati le mani.

5. Rimetti a posto il sapone.

6. Sciacquati le mani.

7. Chiudi l'acqua.

8. Prendi l'asciugamano.

9. Asciugati le mani.

10. Rimetti l'asciugamano sul porta-asciugamano.

4

# LA CANDELA

1. Metta la candela nel candelabro.

2. Prenda i fiammiferi.

3. Tiri fuori un fiammifero.

4. Accenda il fiammifero.

5. Accenda la candela.

6. Spenga il fiammifero.

7. Lo getti via.

8. Metta via i fiammiferi.

9. Guardi la candela.

10. Ne senta l'odore.

11. La spenga.

# LA CANDELA

1. Metti la candela nel candelabro.

2. Prendi i fiammiferi.

3. Tira fuori un fiammifero.

4. Accendi il fiammifero.

5. Accendi la candela.

6. Spegni il fiammifero.

7. Gettalo via.

8. Metti via i fiammiferi.

9. Guarda la candela.

10. Sentine l'odore.

11. Spegnila.

# ARRIVANDO A CASA

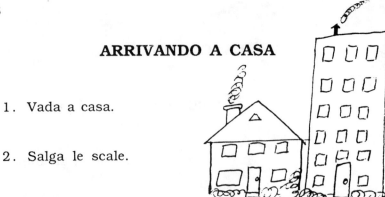

1. Vada a casa.

2. Salga le scale.

3. Prenda la chiave.

4. La metta nel buco della serratura.

5. Giri la chiave.

6. Metta via la chiave.

7. Giri la maniglia.

8. Apra la porta.

9. Entri.

10. Chiuda la porta.

11. La chiuda a chiave.

12. Accenda la luce.

13. Si sieda e si riposi.

# ARRIVANDO A CASA

1. Và a casa.

2. Sali le scale.

3. Prendi la chiave.

4. Mettila nel buco della serratura.

5. Gira la chiave.

6. Metti via la chiave.

7. Gira la maniglia.

8. Apri la porta.

9. Entra.

10. Chiudi la porta.

11. Chiudila a chiave.

12. Accendi la luce.

13. Siediti e riposati.

# IL FORMAGGIO

1. Scarti il formaggio.

2. Lo metta sul tagliere.

3. Prenda il coltello.

4. Tagli un pezzettino di formaggio.

5. Lo assaggi.

6. Ne tagli un altro pezzo.

7. Lo mangi.

8. Ne tagli un pezzo grande.

9. Ne prenda un boccone.

10. Lo mastichi e lo ingoi.

11. Prenda un altro boccone.

12. Lo mangi tutto.

13. Incarti il resto del formaggio.

# IL FORMAGGIO

1. Scarta il formaggio.

2. Mettilo sul tagliere.

3. Prendi il coltello.

 4. Taglia un pezzettino di formaggio.

5. Assaggialo.

6. Tagliane un altro pezzo.

7. Mangialo.

8. Tagliane un pezzo grande.

9. Prendine un boccone.

10. Masticalo e ingoialo.

11. Prendi un altro boccone.

12. Mangialo tutto.

13. Incarta il resto del formaggio.

# IL PALLONCINO

1. Giocherà con un palloncino.

2. Allarghi il palloncino.

3. Lo allarghi di più.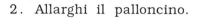

4. Ne lasci andare un'estremità.

5. Soffi nel palloncino.

6. Non lo annodi.

7. Ne lasci uscire l'aria piano.

8. Guardi, il palloncino si sgonfia.

9. Lo gonfi di nuovo.

10. Lo prema ma non lo schiacci.

11. Lo lasci andare e lo guardi volare.

# IL PALLONCINO

1. Giocherai con un palloncino.

2. Allarga il palloncino.

3. Allargalo di più.

4. Lasciane andare un'estremità.

 5. Soffia nel palloncino.

6. Non annodarlo.

 7. Lascia uscire l'aria piano.

 8. Guarda, il palloncino si sgonfia.

9. Gonfialo di nuovo.

 10. Premilo ma non schiacciarlo.

11. Lascialo andare e guardalo volare.

## LA GOMMA DA MASTICARE

1. Vada al negozio.

2. Compri un pacchetto di gomma.

3. Apra il pacchetto.

4. Prenda una gomma.

5. La scarti.

6. La metta in bocca.

7. La mastichi.

8. Non la ingoi.

9. Porti la carta al cestino.

10. La butti via.

11. Metta via il pacchetto di gomma.

# LA GOMMA DA MASTICARE

1. Và al negozio.

2. Compra un pacchetto di gomma.

3. Apri il pacchetto.

4. Prendi una gomma.

5. Scartala.

6. Mettila in bocca.

7. Masticala.

8. Non ingoiarla.

9. Porta la carta al cestino.

10. Buttala via.

11. Metti via il pacchetto di gomma.

# LA CACCIA AL TESORO

1. Faremo un gioco.

2. Maria, chiuda gli occhi.

3. Non li apra.

4. Gianni, nasconda il/la _____.

5. Maria, apra gli occhi.

6. Si alzi.

7. Cerchi il/la _____.

   Acqua.     Focherello!     Fuoco!

8. (Maria dice:) «Oh, eccolo/la!»

9. Bene! L'ha trovato/a!

# LA CACCIA AL TESORO

1. Faremo un gioco.

2. Maria, chiudi gli occhi.

3. Non aprirli.

4. Gianni, nascondi il/la _____.

5. Maria, apri gli occhi.

6. Alzati.

7. Cerca il/la _____.

Acqua.    Focherello!    Fuoco!

8. (Maria dice:) «Oh, eccolo/la!»

9. Bene! L'hai trovato/a!

# LE VITAMINE

1. Prenderà le Sue vitamine.

2. Prenda il flacone delle vitamine.

3. Tolga il tappo.

il tappo

4. Prenda una pillola.

5. Rimetta il tappo.

pillole

6. Metta giù il flacone.

7. Metta la pillola in bocca.

8. Beva dell'acqua e la ingoi.

9. Oh, no! Le è rimasta in gola.

10. Beva ancora un pò d'acqua.

11. Va bene. È andata giù.

# LE VITAMINE

1. Prenderai le tue vitamine.

2. Prendi il flacone delle vitamine.

3. Togli il tappo.

4. Prendi una pillola.

5. Rimetti il tappo.

6. Metti giù il flacone.

7. Metti la pillola in bocca.

8. Bevi dell'acqua e ingoiala.

9. Oh, no! Ti è rimasta in gola.

10. Bevi ancora un pò d'acqua.

11. Va bene. È andata giù.

# FACCIA LA PUNTA ALLA MATITA

1. Prenda la Sua matita.

2. Guardi la punta.

3. La tasti con il pollice. È spuntata.

4. Vuole prendere in prestito
   il mio temperamatite?

temperamatite

5. Metta la matita nel buco.

6. Faccia la punta alla matita.

7. Tasti la punta di nuovo.

   «Aiah! È aguzza.»

   spuntata

8. Pulisca il temperamatite.

9. Me lo renda.

10. Scriva una lettera.

# FÀ LA PUNTA ALLA MATITA

1. Prendi la tua matita.

2. Guarda la punta.

3. Tastala con il pollice. È spuntata.

4. Vuoi prendere in prestito il mio temperamatite?

5. Metti la matita nel buco.

6. Fà la punta alla matita.

7. Tasta la punta di nuovo.

«Aiah! È aguzza.»

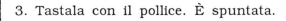

aguzza

8. Pulisci il temperamatite.

9. Rendimelo.

10. Scrivi una lettera.

# I CEREALI

1. Mangerà un pò di cereali.

2. Apra la scatola.

3. Versi dei cereali nella Sua scodella.

4. Ne rovesci un pò nel piatto.

5. Li prenda e li metta nella scodella.

6. Chiuda la scatola di cereali.

7. Metta un pò di zucchero sui cereali.

8. Ci versi un pò di latte sopra.

9. Ne prenda una cucchiaiata.

10. La mastichi bene.

11. La ingoi.

# I CEREALI

1. Mangerai un pò di cereali.

2. Apri la scatola.

3. Versa dei cereali nella tua scodella.

4. Rovesciane un pò nel piatto.

5. Prendili e mettili nella scodella.

6. Chiudi la scatola di cereali.

7. Metti un pò di zucchero sui cereali.

8. Versaci un pò di latte sopra.

9. Prendine una cucchiaiata.

10. Masticala bene.

11. Ingoiala.

# ANDANDO A COMPRARE UN CAPPOTTO

1. Andrà a comprare un cappotto nuovo.

2. Guardi le vetrine.

3. Oh! Ecco un bel cappotto! Vada dentro.

4. Prenda un cappotto dall'attacapanni.

5. Lo tolga dall'attaccapanni.

6. Lo provi.

7. Si guardi allo specchio.

8. È troppo grande. Se lo tolga.

9. Lo rimetta sull'attaccapanni.

10. Lo riattacchi.

11. Ne provi un altro.

12. Questo le va bene.

13. Guardi il prezzo sul cartellino.

14. Quanto costa?

15. Lo compri.

# ANDANDO A COMPRARE UN CAPPOTTO

1. Andrai a comprare un cappotto nuovo.

2. Guarda le vetrine.

3. Oh! Ecco un bel cappotto! Và dentro.

4. Prendi un cappotto dall'attacapanni.

5. Toglilo dall'attaccapanni.

6. Provalo.

7. Guardati allo specchio.

8. È troppo grande. Toglitelo.

9. Rimettilo sull'attaccapanni.

10. Riattaccalo.

11. Provane un altro.

12. Questo ti va bene.

13. Guarda il prezzo sul cartellino.

14. Quanto costa?

15. Compralo. un cappotto nuovo.

# UN BICCHIERE DI LATTE

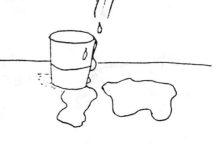

1. Si versi un bicchiere di latte.

2. Ne rovesci un pò sulla tavola. Accidenti!

3. Vada al lavandino.

4. Prenda uno straccio.

5. Lo bagni.

6. Lo strizzi.

7. Vada ad asciugare il latte.

8. Ritorni al lavandino.

9. Sciacqui lo straccio.

10. Lo appenda al rubinetto.

11. Ritorni alla tavola dove sta il latte.

12. Beva il latte.

13. Faccia attenzione. Non ne rovesci più.

# UN BICCHIERE DI LATTE

1. Versati un bicchiere di latte.

2. Rovesciane un pò sulla tavola. Accidenti!

3. Và al lavandino.

4. Prendi uno straccio.

5. Bagnalo.

6. Strizzalo.

7. Và ad asciugare il latte.

8. Ritorna al lavandino.

9. Sciacqua lo straccio.

10. Appendilo al rubinetto.

11. Ritorna alla tavola dove sta il latte.

12. Bevi il latte.

13. Fà attenzione. Non rovesciarne più.

# INCARTI UN REGALO

1. Incarterà un regalo per un amico.

2. Lo incarti in un pò di carta velina.

3. Lo metta in una scatola.

4. Metta la scatola su un pezzo
   di carta da regalo.

5. La incarti.

6. Pieghi i lati.

7. Prenda due pezzi di nastro adesivo.

8. Appiccichi i pezzi di nastro
   ai lati del pacco.

9. Tagli un pezzo di nastro decorativo.

10. Lo avvolga attorno al pacco.

11. Faccia un nodo.

12. Faccia un fiocco.

13. Lo regali al Suo amico / alla Sua amica.

«Grazie.»

# INCARTA UN REGALO

1. Incarterai un regalo per un amico.

2. Incartalo in un pò di carta velina.

3. Mettilo in una scatola.

4. Metti la scatola su un pezzo di carta da regalo.

5. Incartala.

6. Piega i lati.

7. Prendi due pezzi di nastro adesivo.

8. Appiccica i pezzi di nastro ai lati del pacco.

9. Taglia un pezzo di nastro decorativo.

10. Avvolgilo attorno al pacco.

11. Fà un nodo.

12. Fà un fiocco.

13. Regalalo al tuo amico / alla tua amica.

«Grazie.»

# BUONGIORNO

1. Sono le sette di mattina.

2. Si svegli.

3. Si stiri, sbadigli e si strofini gli occhi.

4. Si alzi.

5. Faccia i Suoi esercizi.

6. Vada in bagno.

7. Si lavi la faccia.

8. Ritorni nella Sua camera.

9. Si vesta.

10. Rifaccia il letto.

11. Vada in cucina.

12. Faccia colazione.

13. Legga il giornale.

14. Vada in bagno e si lavi i denti.

15. Si metta il cappotto.

16. Baci i Suoi familiari.

    «Ciao.»

17. Esca di casa.

# BUONGIORNO

1. Sono le sette di mattina.

2. Svegliati.

3. Stirati, sbadiglia e strofinati gli occhi.

4. Alzati.

5. Fà i tuoi esercizi.

6. Và in bagno.

7. Lavati la faccia.

8. Ritorna nella tua camera.

9. Vestiti.

10. Rifà il letto.

11. Và in cucina.

12. Fà colazione.

13. Leggi il giornale.

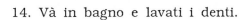

14. Và in bagno e lavati i denti.

15. Mettiti il cappotto.

16. Bacia i tuoi familiari.

«Ciao.»

17. Esci di casa.

# STA PER AMMALARSI

1. Non si sente bene.

2. Si copra il naso e starnutisca.

3. Prenda il fazzoletto.

4. Si soffi il naso.

5. Si asciughi gli occhi.

6. Si copra la bocca e tossisca.

7. Esca di casa.

8. Vada in farmacia.

9. Oh, Lei è molto debole! Cada.

10. Si alzi.

11. Entri in farmacia.

12. Compri delle aspirine con vitamina C, fazzoletti di carta e pastiglie per la tosse.

13. Vada a casa e si riguardi.

# STAI PER AMMALARTI

1. Non ti senti bene.

2. Copriti il naso e starnutisci.

3. Prendi il fazzoletto.

4. Soffiati il naso.

5. Asciugati gli occhi.

6. Copriti la bocca e tossisci.

7. Esci di casa.

8. Và in farmacia.

9. Oh, sei molto debole! Cadi.

10. Alzati.

11. Entra in farmacia.

12. Compra delle aspirine con vitamina C, fazzoletti di carta e pastiglie per la tosse.

13. Và a casa e riguardati.

# IMPIEGATO IN UN UFFICIO

1. Lei è un impiegato in un ufficio.

2. Si sieda alla Sua scrivania.

3. Si rilassi.

4. Si allenti la cravatta.

5. Si sbottoni la giacca.

6. Se la tolga.

7. Si arrotoli le maniche.

8. Si slacci le scarpe.

9. Attenzione! Arriva il capo!

10. Si stringa la cravatta.

11. Si rimetta la giacca.

12. La abbottoni.

13. Si riallacci le scarpe.

14. Si metta al lavoro.

15. Saluti il capo.

# IMPIEGATO IN UN UFFICIO

1. Sei un impiegato in un ufficio.

2. Siediti alla tua scrivania.

3. Rilassati.

4. Allentati la cravatta.

5. Sbottonati la giacca.

6. Toglitela.

7. Arrotolati le maniche.

8. Slacciati le scarpe.

9. Attenzione! Arriva il capo!

10. Stringiti la cravatta.

11. Rimettiti la giacca.

12. Abbottonala.

13. Riallacciati le scarpe.

14. Mettiti al lavoro.

15. Saluta il capo.

# COME ATTACCARE UN BOTTONE

1. Attaccherà un bottone.

2. Tagli un pezzo di filo.

3. Infili l'ago.

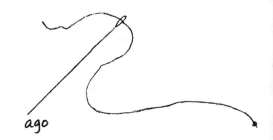

*ago*

4. Faccia un nodo alla fine del filo.

5. Infili l'ago nel tessuto.

6. Lo infili in un buco del bottone.

7. Lo infili nell'altro buco.

8. Lo infili di nuovo nel tessuto.

9. Lo stringa forte.

10. Lo faccia e lo rifaccia.

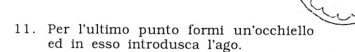

11. Per l'ultimo punto formi un'occhiello ed in esso introdusca l'ago.

12. Tiri forte.

13. Tagli il filo con i denti.

# COME ATTACCARE UN BOTTONE

filo

1. Attaccherai un bottone.

2. Taglia un pezzo di filo.

3. Infila l'ago.

4. Fai un nodo alla fine del filo.

5. Infila l'ago nel tessuto.

6. Infilalo in un buco del bottone.

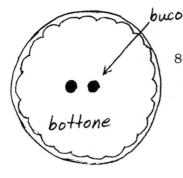

buco

bottone

7. Infilalo nell'altro buco.

8. Infilalo di nuovo nel tessuto.

9. Stringilo forte.

10. Fallo e rifallo.

11. Per l'ultimo punto forma un'occhiello ed in esso introduci l'ago.

12. Tira forte.

13. Taglia il filo con i denti.

# DIPINGENDO UN QUADRO

1. Dipingerà un quadro.

2. Stenda qualche vecchio giornale per terra.

3. Prenda un foglio di carta.

4. Apra il vasetto di colore giallo / rosso / verde / blu.

5. Prenda il pennello.

6. Lo bagni nel colore.

7. Dipinga un/una _____.

8. Lasci asciugare il quadro.

9. Chiuda il vasetto di colore e lo metta via.

10. Lavi bene il pennello.

11. Lo asciughi con lo straccio.

12. Appenda il quadro alla parete.

13. Pieghi i giornali.

14. Li metta via.

# DIPINGENDO UN QUADRO

1. Dipingerai un quadro.

2. Stendi qualche vecchio giornale per terra.

3. Prendi un foglio di carta.

4. Apri il vasetto di colore giallo / rosso / verde / blu.

5. Prendi il pennello.

6. Bagnalo nel colore.

7. Dipingi un/una _____.

8. Lascia asciugare il quadro.

9. Chiudi il vasetto di colore e mettilo via.

10. Lava bene il pennello.

11. Asciugalo con lo straccio.

12. Appendi il quadro alla parete.

13. Piega i giornali.

14. Mettili via.

# PRENDENDO L'AEREO

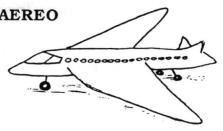

1. Andrà a Roma.

2. Salga sull'aereo.

3. Cerchi il numero della Sua poltrona.

4. Si sieda.

5. Si allacci la cintura.

6. È troppo stretta.

7. La allenti.

8. È troppo lenta.

9. La stringa.

10. Va bene. Partiamo!

11. Decolliamo.

12. Ora stiamo volando.

13. Slacci la Sua cintura.

14. Si sente a Suo agio?

    «Sì, mi sento a mio agio.»

15. Buon viaggio.

# PRENDENDO L'AEREO

1. Andrai a Roma.

2. Sali sull'aereo.

3. Cerca il numero della tua poltrona.

4. Siediti.

5. Allacciati la cintura.

6. È troppo stretta.

7. Allentala.

8. È troppo lenta.

9. Stringila.

10. Va bene. Partiamo!

11. Decolliamo.

12. Ora stiamo volando.

13. Slaccia la tua cintura.

14. Ti senti a tuo agio?

«Sì, mi sento a mio agio.»

15. Buon viaggio.

# FERMA! AL LADRO!

1. Deruberà un/una passante.

2. Le ruberà il portafoglio / la borsa.

3. Prenda la Sua pistola.

4. La punti sulla vittima.

5. Dica: «Mani in alto!»

6. Prenda il suo portafoglio / la sua borsa.

7. Attenzione! Arriva un poliziotto!

8. Scappi.

9. Ferma! Al ladro! Ferma!

10. Butti via la pistola. Lasci il portafoglio / la borsa.

11. Metta le mani in alto.

12. Dica: «Non mi spari!»

13. Vede? Non vale la pena commettere delitti.

# FERMA! AL LADRO!

1. Deruberai un/una passante.

2. Le ruberai il portafoglio / la borsa.

 3. Prendi la tua pistola.

4. Puntala sulla vittima.

5. Dì: «Mani in alto!»

6. Prendi il suo portafoglio / la sua borsa.

 7. Attenzione! Arriva un poliziotto!

8. Scappa.

9. Ferma! Al ladro! Ferma!

10. Butta via la pistola. Lascia il portafoglio / la borsa.

11. Metti le mani in alto.

12. Dì: «Non mi spari!»

13. Vedi? Non vale la pena commettere delitti.

## IL RISTORANTE

1. Cenerà fuori.

2. Entri in un ristorante.

3. Cerchi un tavolo che non sia occupato.

4. Si sieda.

5. Prenda il menu e cerchi qualcosa di buono.

6. Oh, arriva il cameriere / la cameriera.

7. Ordini una bistecca, risotto ed insalata.

8. Spieghi il tovagliolo.

9. Lo metta sulle ginocchia.

10. Prenda un sorso d'acqua.

11. Arriva il cibo!

12. Buon appetito!

# IL RISTORANTE

1. Cenerai fuori.

2. Entra in un ristorante.

3. Cerca un tavolo che non sia occupato.

4. Siediti.

5. Prendi il menu e cerca qualcosa di buono.

6. Oh, arriva il cameriere / la cameriera.

7. Ordina una bistecca, risotto ed insalata.

8. Spiega il tovagliolo.

9. Mettilo sulle ginocchia.

10. Prendi un sorso d'acqua.

11. Arriva il cibo!

12. Buon appetito!

# APRENDO UN REGALO

1. Ha ricevuto un regalo dal Suo
   amico / dalla Sua amica!

2. Lo guardi bene.

3. Lo tocchi.

4. Lo scuota ed ascolti.

5. Indovini cosa c'è dentro.

6. Strappi la carta.

7. La arrotoli e la butti via.

8. Apra la scatola senza scoperchiarla
   del tutto.

9. Le dia un'occhiata dentro.

10. Che bello! È proprio quello che voleva.

11. Apra la scatola e lo prenda.

12. Dica: «Oh grazie!»

# APRENDO UN REGALO

1. Hai ricevuto un regalo dal tuo amico / dalla tua amica!

2. Guardalo bene.

3. Toccalo.

4. Scuotilo ed ascolta.

5. Indovina cosa c'è dentro.

6. Strappa la carta.

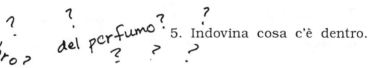

7. Arrotolala e buttala via.

8. Apri la scatola senza scoperchiarla del tutto.

9. Dacci un'occhiata dentro.

10. Che bello! È proprio quello che volevi.

11. Apri la scatola e prendilo.

12. Dì: «Oh grazie!»

# UNA CAMICIA GUALCITA

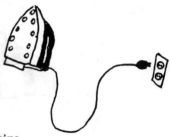

1. La Sua camicia è tutta gualcita.

2. Sarà bene che Lei la stiri.

3. Apra l'asse da stiro.

4. Tiri fuori il ferro da stiro.

5. Attacchi la spina.

6. Appoggi il ferro sul tavolo da stiro.

7. Lo accenda.

8. Aspetti che si riscaldi.

9. Stenda la camicia sul tavolo da stiro.

10. La inumidisca.

11. Si e riscaldato il ferro?

12. Bene. Stiri il colletto.

13. Adesso stiri i polsini.

14. Poi stiri le maniche.

15. E adesso stiri il resto della camicia.

16. Ha finito?

17. Si metta la camicia.

18. Le sta bene. Non è più gualcita.

19. Bravo!

# UNA CAMICIA GUALCITA

1. La tua camicia è tutta gualcita.

2. Sarà bene che tu la stiri.

3. Apri l'asse da stiro.

4. Tira fuori il ferro da stiro.

5. Attacca la spina.

6. Appoggia il ferro sul tavolo da stiro.

7. Accendilo.

8. Aspetta che si riscaldi.

9. Stendi la camicia sul tavolo da stiro.

10. Inumidiscila.

11. Si è riscaldato il ferro?

12. Bene. Stira il colletto.

13. Adesso stira i polsini.

14. Poi stira le maniche.

15. E adesso stira il resto della camicia.

16. Hai finito?

17. Mettiti la camicia.

18. Ti sta bene. Non è più gualcita.

19. Bravo!

48

# GELATO E TV

1. Vada al frigorifero.

2. Apra il congelatore.

3. Prenda il gelato.

4. Chiuda il congelatore e il frigorifero.

5. Metta del gelato in una tazza.

6. Lasci il contenitore sul banco.

7. Vada nell'altra stanza.

8. Accenda la TV.

9. Si sieda e guardi il Suo programma preferito.

10. Mangi il gelato.

11. Quando l'ha finito torni a prenderne ancora.

12. Oh no! Il gelato si è sciolto. Lei si è dimenticato di metterlo via. Che pasticcio!

# GELATO E TV

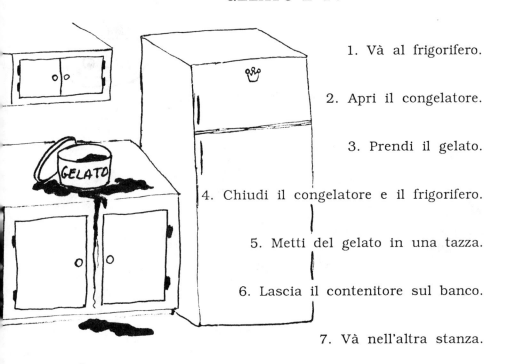

1. Và al frigorifero.

2. Apri il congelatore.

3. Prendi il gelato.

4. Chiudi il congelatore e il frigorifero.

5. Metti del gelato in una tazza.

6. Lascia il contenitore sul banco.

7. Và nell'altra stanza.

8. Accendi la TV.

9. Siediti e guarda il tuo programma preferito.

10. Mangia il gelato.

11. Quando l'hai finito torna a prenderne ancora.

12. Oh no! Il gelato si è sciolto. Hai dimenticato di metterlo via. Che pasticcio!

## AVENDO CURA DI UN BAMBINO

1. Avrà cura di un bambino.

2. Tenga il bambino sulle Sue ginocchia.

3. Oh, che bel bambino!

4. È una bambina o un bambino?

5. La/Lo baci.

6. La/Lo abbracci.

7. La/Lo stringa.

8. Le/Gli dia dei cereali.

9. Le/Gli dia molto da mangiare.

10. Oh, guardi! Lo sputa fuori.

11. Mamma mia! Che pasticcio!

12. La/Lo metta giù e pulisca il pasticcio.

13. Che bambina/o sporcacciona/e!

# AVENDO CURA DI UN BAMBINO

1. Avrai cura di un bambino.

2. Tieni il bambino sulle tue ginocchia.

3. Oh, che bel bambino!

4. È una bambina o un bambino?

5. Baciala/lo.

6. Abbracciala/lo.

7. Stringila/lo.

8. Dagli/Dalle dei cereali.

9. Dagli/Dalle molto da mangiare.

10. Oh, guarda! Lo sputa fuori.

11. Mamma mia! Che pasticcio!

12. Mettila/lo giù e pulisci il pasticcio.

13. Che bambina/o sporcacciona/e!

# UN BICCHIERE ROTTO

PATATRAC!

1. Accidenti! Ha rotto un bicchiere.

2. Raccolga i pezzi grandi.

3. Attenzione! Non si tagli!

4. Li porti al cestino.

5. Li butti via.

6. Vada a prendere la paletta e la scopa.

7. Torni al posto dove ha fatto
   cadere il bicchiere.

8. Si pieghi e raccogla i pezzi più
   piccoli con la paletta.

9. Li getti nel cestino.

10. Metta via la paletta e la scopa.

11. Vada a prendere un altro bicchiere.

12. Adesso attenzione! Non faccia
    cadere anche questo!

# UN BICCHIERE ROTTO

PATATRAC!

1. Accidenti! Hai rotto un bicchiere.

2. Raccogli i pezzi grandi.

3. Attenzione! Non tagliarti!

4. Portali al cestino.

5. Buttali via.

6. Và a prendere la paletta e la scopa.

7. Torna al posto dove hai fatto cadere il bicchiere.

8. Piegati e raccogli i pezzi più piccoli con la paletta.

9. Gettali nel cestino.

10. Metti via la paletta e la scopa.

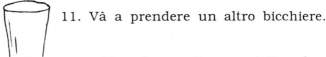 11. Và a prendere un altro bicchiere.

12. Adesso attenzione! Non fare cadere canche questo!

## VIAGGIO VERSO LA LUNA

1. La Sua mano è un razzo.

2. L'altra mano è la luna.

3. Le Sue ginocchia sono la terra.

4. Decolli.

5. Voli verso la luna.

6. Voli attorno alla luna.

7. Atterri sulla luna.

8. Decolli.

9. Voli verso la terra.

10. Cerchi di atterrare sulla terra.

11. Ma no! Qualcosa non va.

12. Il razzo sta cadendo.

13. Precipiti nel deserto.

# VIAGGIO VERSO LA LUNA

1. La tua mano è un razzo.

2. L'altra mano è la luna.

3. Le tue ginocchia sono la terra.

4. Decolla.

la luna

5. Vola verso la luna.

6. Vola attorno alla luna.

7. Atterra sulla luna.

una stella

8. Decolla.

9. Vola verso la terra.

10. Cerca di atterrare sulla terra.

11. Ma no! Qualcosa non va.

12. Il razzo sta cadendo.

13. Precipita nel deserto.

# GIOCHIAMO A PALLA

1. Attento! (Gianni)! Prenda!

2. Bella presa!

3. Mi lanci la palla.

4. Oh! L'ho fatta cadere.

5. Ecco! La acchiappi.

6. Va bene. Ora la faccia rimbalzare
   sul pavimento.

7. La faccia rimbalzare sulla parete.

8. Provi a prenderla.

9. Aiah! L'ha mancata. Vada a riprenderla.

10. La getti in aria.

11. La faccia rotolare verso di me.

12. Eccola. Bella presa!

13. Ora, la calci verso di me.

14. Grazie. Devo tornare a casa ora.
    Arrivederci.

15. Oh, a proposito, vuole giocare
    a palla anche domani?

# GIOCHIAMO A PALLA

1. Attento! (Gianni)! Prendi!

2. Bella presa!

3. Lanciami la palla.

4. Oh! L'ho fatta cadere.

5. Ecco! Acchiappala.

6. Va bene. Ora falla rimbalzare sul pavimento.

7. Falla rimbalzare sulla parete.

8. Prova a prenderla.

9. Aiah! L'hai mancata. Và a riprenderla.

10. Gettala in aria.

11. Falla rotolare verso di me.

12. Eccola. Bella presa!

13. Ora, calciala verso di me.

14. Grazie. Devo tornare a casa ora. Ciao.

15. Oh, a proposito, vuoi giocare a palla anche domani?

# INSETTI AFFAMATI

1. Venga a scuola.

2. Si sieda.

3. Metta il Suo cestino col pranzo sul tavolo.

4. Oh no! Arriva una formica.

5. Si avvicina al Suo cestino.

6. La uccida.

7. Si pulisca la mano sui pantaloni.

8. Arriva una mosca. È sul Suo cibo.

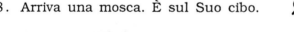

9. La uccida.

10. Oh no! Arrivano altri insetti.

11. Li prenda!

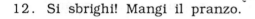

12. Si sbrighi! Mangi il pranzo.

# INSETTI AFFAMATI

1. Vieni a scuola.

2. Siediti.

3. Metti il tuo cestino col pranzo sul tavolo.

4. Oh no! Arriva una formica.

5. Si avvicina al tuo cestino.

6. Uccidila.

7. Pulisciti la mano sui pantaloni.

8. Arriva una mosca. È sul tuo cibo.

9. Uccidila.

10. Oh no! Arrivano altri insetti.

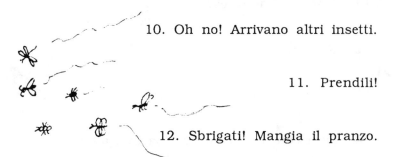

11. Prendili!

12. Sbrigati! Mangia il pranzo.

# L'USO DI UN TELEFONO PUBBLICO

1. Vada a fare una telefonata.

2. Entri nella cabina.

3. Stacchi il ricevitore.

4. Prenda un gettone.

5. Lo metta nella fessura.

6. Ascolti il segnale.....Lo sente?

7. Formi il numero.

8. È occupato. Riagganci.

9. Riprenda il gettone.

10. Aspetti qualche minuto.

11. Fischietti una canzoncina.

12. Riprovi.

13. Bene! Il telefono squilla.

14. Parli con il Suo amico / la Sua amica.

# L'USO DI UN TELEFONO PUBBLICO

1. Và a fare una telefonata.

2. Entra nella cabina.

3. Stacca il ricevitore.

4. Prendi un gettone.

5. Mettilo nella fessura.

6. Ascolta il segnale.....Lo senti?

7. Forma il numero.

8. È occupato. Riaggancia.

9. Riprendi il gettone.

10. Aspetta qualche minuto.

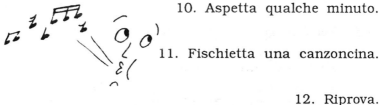

11. Fischietta una canzoncina.

12. Riprova.

13. Bene! Il telefono squilla.

14. Parla con il tuo amico / la tua amica.

62

# ZUPPA PER IL PRANZO

1. Prepari della zuppa per il pranzo.

2. Prenda l'apriscatole.

3. Apra la scatola.

4. Versi la zuppa in un tegame.

5. Aggiunga una tazza d'acqua.

6. La rimescoli.

7. La metta sul fornello.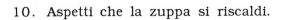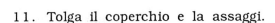

8. La copra.

9. Accenda il fornello.

10. Aspetti che la zuppa si riscaldi.

11. Tolga il coperchio e la assaggi.

12. È pronta. Spenga il fuoco.

13. Versi la zuppa nella scodella.

14. Ne prenda una cucchiaiata.

15. È troppo calda! Ci soffi sopra!

16. Aspetti che si raffreddi.

17. Bene. Ora la assaggi di nuovo.
    Ah! Perfetta!

# ZUPPA PER IL PRANZO

1. Prepara della zuppa per il pranzo.

2. Prendi l'apriscatole.

3. Apri la scatola.

4. Versa la zuppa in un tegame.

5. Aggiungi una tazza d'acqua.

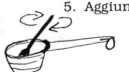

6. Rimescolala.

7. Mettila sul fornello.

8. Coprila.

9. Accendi il fornello.

10. Aspetta che la zuppa si riscaldi.

11. Togli il coperchio e assaggiala.

12. È pronta. Spegni il fuoco.

13. Versa la zuppa nella scodella.

14. Prendine una cucchiaiata.

15. È troppo calda! Soffiaci sopra!

16. Aspetta che si raffreddi.

17. Bene. Ora assaggiala di nuovo.
Ah! Perfetta!

# CAMBI UNA LAMPADINA ELETTRICA

1. Accenda la luce. La lampadina è fulminata.

2. Deve cambiare la lampadina.

3. Ne vada a prendere una nuova.

*la presa di corrente*

*la spina*

4. Stacchi la spina della lampada.

5. Tolga il paralume.

*la lampadina*

6. Sviti la lampadina vecchia.

7. Avviti la nuova dentro il portalampada.

*il portalampada*

8. Rimetta il paralume.

9. Riattacchi la spina.

10. La accenda. Funziona!

11. Butti via la vecchia lampadina.

# CAMBIA UNA LAMPADINA ELETTRICA

1. Accendi la luce. La lampadina è fulminata.

2. Devi cambiare la lampadina.

3. Và a prenderne una nuova.

4. Stacca la spina della lampada.

5. Togli il paralume.

6. Svita la lampadina vecchia.

7. Avvita la nuova dentro il portalampada.

8. Rimetti il paralume.

9. Riattacca la spina.

10. Accendila. Funziona!

11. Butta via la vecchia lampadina.

il paralume

la lampada

il filo

## UN GINOCCHIO INSANGUINATO

1. Sta passeggiando per la strada.

2. Cada, si faccia male al ginocchio e gridi.

3. Si alzi.

4. Pianga. Gli/Le fa male il ginocchio.

5. Guardi il Suo ginocchio. Sanguina.

6. Ci metta il fazzoletto.

7. Vada zoppicando alla farmacia.

8. Compri della tintura di iodio e dei cerotti.

9. Vada zoppicando a casa.

10. Si lavi la ferita.

11. Ci metta la tintura di iodio. Aih! Brucia.

12. Ci soffi sopra.

13. Apra un cerotto.

14. Lo metta sulla ferita.

15. Butti via la carta.

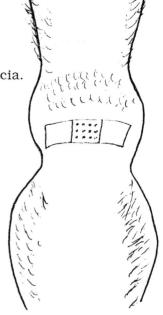

# UN GINOCCHIO INSANGUINATO

1. Stai passeggiando per la strada.

2. Cadi, ti fai male al ginocchio e gridi.

3. Alzati.

4. Piangi. Ti fa male il ginocchio.

5. Guarda il tuo ginocchio. Sanguina.

6. Mettici il fazzoletto.

7. Và zoppicando alla farmacia.

8. Compra della tintura di iodio e dei cerotti.

9. Và zoppicando a casa.

10. Lavati la ferita.

11. Mettici la tintura di iodio. Aih! Brucia.

12. Soffiaci sopra.

13. Apri un cerotto.

14. Mettilo sulla ferita.

15. Butta via la carta.

# LE UOVA STRAPAZZATE

1. Preparerà delle uova strapazzate per colazione.

2. Rompa tre uova e le metta in una scodella.

3. Prenda il frullino.

4. Sbatta le uova.

5. Aggiunga del sale e un po' di latte.

6. Mescoli con un cucchiaio.

7. Unga la padella.

8. La metta sul fornello e la riscaldi.

9. Versi le uova nella padella.

10. Le cuocia.

11. Continui a rimestarle.

12. Quando sono pronte spenga il fuoco.

13. Metta le uova in un piatto e le mangi.

# LE UOVA STRAPAZZATE

1. Preparerai delle uova strapazzate per colazione.

2. Rompi tre uova e mettile in una scodella.

3. Prendi il frullino.

4. Sbatti le uova.

5. Aggiungi del sale e un po' di latte.

6. Mescola con un cucchiaio.

7. Ungi la padella.

8. Mettila sul fornello e riscaldala.

9. Versa le uova nella padella.

10. Cuocile.

11. Continua a rimestarle.

12. Quando sono pronte spegni il fuoco.

13. Metti le uova in un piatto e mangiale.

## UN ASSEGNO DA VIAGGIO

1. Ha bisogno di riscuotere
   un assegno da viaggio.

2. Vada in banca o all'ufficio cambio.

3. Tiri fuori un assegno da
   viaggio ed il passaporto.

4. Si metta in coda.

5. Aspetti il Suo turno.

6. Avanzi.

7. Vada allo sportello.

8. Firmi l'assegno.

9. Dia l'assegno ed il passaporto
   all'impiegato/a.

10. Gli/Le dica: «Vorrei cinquanta
    dollari in Lire, per cortesia.»

11. Aspetti che l'impiegato/a abbia
    riempito il modulo.

12. Firmi il modulo e ci metta la data.

13. Prenda i soldi ed il passaporto.

14. Conti i soldi.

15. Li metta nel portafoglio.

16. Metta via il passaporto.

17. Esca dalla banca o dall'ufficio cambio.

# UN ASSEGNO DA VIAGGIO

1. Hai bisogno di riscuotere un assegno da viaggio.

2. Và in banca o all'ufficio cambio.

3. Tira fuori un assegno da viaggio ed il passaporto.

4. Mettiti in coda.

5. Aspetta il tuo turno.

6. Avanza.

7. Và allo sportello.

8. Firma l'assegno.

9. Dà l'assegno ed il passaporto all'impiegato/a.

10. Digli/Dille: «Vorrei cinquanta dollari in Lire, per cortesia.»

11. Aspetta che l'impiegato/a abbia riempito il modulo.

12. Firmalo e mettici la data

13. Prendi i soldi ed il passaporto.

14. Conta i soldi.

15. Mettili nel portafoglio.

16. Metti via il passaporto.

17. Esci dalla banca o dall'ufficio cambio.

# UN PIATTO ROTTO

PATATRAC!

1. Accidenti! Ha rotto un piatto.
   È meglio che lo ripari.

2. Raccolga tutti i pezzi.

3. Li metta giù con cura.

4. Vada a prendere la colla.

5. Sviti il tappo.

6. Sprema il tubo.

7. Incolli i pezzi rotti.

8. Li rimetta insieme.

9. Li prema forte per qualche minuto.

10. Avviti il tappo.

11. Metta via la colla.

12. Lasci asciugare il piatto
    per tutta la notte.

13. Bravo! Lo ha riparato!

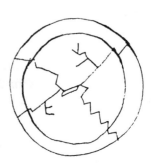

# UN PIATTO ROTTO

PATATRAC!

1. Accidenti! Hai rotto un piatto. È meglio che lo ripari.

2. Raccogli tutti i pezzi.

3. Mettili giù con cura.

4. Và a prendere la colla.

5. Svita il tappo.

6. Spremi il tubo.

7. Incolla i pezzi rotti.

8. Rimettili insieme.

9. Premili forte per qualche minuto.

10. Avvita il tappo.

11. Metti via la colla.

12. Lascia asciugare il piatto per tutta la notte.

13. Bravo! L'hai riparato!

## UN GIOCO DI PRESTIGIO

1. Farà un gioco di prestigio.

2. Riempia un bicchiere d'acqua.

3. Metta un pezzo di spago nell'acqua
perchè si bagni.

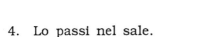

4. Lo passi nel sale.

5. Metta un cubetto di ghiaccio
nel bicchiere d'acqua.

6. Ci metta un pizzico di sale sopra.

7. Prenda un'estremità dello spago.

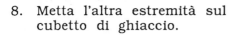

8. Metta l'altra estremità sul
cubetto di ghiaccio.

9. Aspetti un minuto.

10. Dica la parola magica:
«Abracadabra!»

11. Tiri su lo spago.

12. Fantastico!

13. Lei è un bravo mago / una brava maga!

# UN GIOCO DI PRESTIGIO

1. Farai un gioco di prestigio.

2. Riempi un bicchiere d'acqua.

3. Metti un pezzo di spago nell'acqua perchè si bagni.

 4. Passalo nel sale.

5. Metti un cubetto di ghiaccio nel bicchiere d'acqua.

6. Mettici un pizzico di sale sopra.

7. Prendi un'estremità dello spago.

8. Metti l'altra estremità sul cubetto di ghiaccio.

9. Aspetta un minuto.

10. Dì la parola magica: «Abracadabra!»

11. Tira su lo spago.

 12. Fantastico!

13. Sei un bravo mago / una brava maga!

## SCRIVA UNA LETTERA

1. Scriverà una lettera ad un
   amico / una amica.

2. Scriva la data nell'angolo a destra.

3. Scriva la lettera.

4. Firmi con il Suo nome in basso.

5. Pieghi la lettera.

6. La metta nella busta.

7. Lecchi la linguetta e sigilli la busta.

8. Scriva il nome e l'indirizzo del Suo amico /
   della Sua amica sulla busta.

9. Scriva il Suo nome e indirizzo
   nell'angolo a sinistra.

10. Prenda un francobollo.

11. Lo lecchi.

12. Lo attacchi nell'angolo a destra.

13. Porti la lettera alla posta.

14. La imbuchi.

# SCRIVI UNA LETTERA

1. Scriverai una lettera ad un amico / una amica.

2. Scrivi la data nell'angolo a destra.

3. Scrivi la lettera.

4. Firma con il tuo nome in basso.

5. Piega la lettera.

 6. Mettila nella busta.

7. Lecca la linguetta e sigilla la busta.

8. Scrivi il nome e l'indirizzo del tuo amico / della tua amica sulla busta.

9. Scrivi il tuo nome e indirizzo nell'angolo a sinistra.

10. Prendi un francobollo.

11. Leccalo.

 12. Attaccalo nell'angolo a destra.

13. Porta la lettera alla posta.

14. Imbucala.

# ANDANDO AL CINEMA

1. Vada al cinema.

2. Compri delle un biglietto.

3. Lo dia al bigliettaio / alla bigliettaia alla porta.

4. Entri nel ridotto.

5. Compri delle caramelle e qualcosa da bere.

6. Entri in sala.

7. Cerchi un buon posto.

8. Eccone uno. Si sieda.

9. Guardi il film e sorrida.

10. Oh, questa parte è triste. Pianga.

11. Si asciughi gli occhi.

12. Questa parte fa paura. Spalanchi gli occhi e gridi.

13. Questa parte è buffa. Rida.

14. Ora il film è finito. Applauda.

15. Si alzi e esca.

16. Le è piaciuto?

# ANDANDO AL CINEMA

1. Và al cinema.

2. Compra un biglietto.

3. Dallo al bigliettaio / alla bigliettaia alla porta.

4. Entra nel ridotto.

5. Compra delle caramelle e qualcosa da bere.

6. Entra in sala.

7. Cerca un buon posto.

8. Eccone uno. Siediti.

9. Guarda il film e sorridi.

10. Oh, questa parte è triste. Piangi.

11. Asciugati gli occhi.

 12. Questa parte fa paura. Spalanca gli occhi e grida.

 13. Questa parte è buffa. Ridi.

14. Ora il film è finito. Applaudi.

15. Alzati e esci.

16. Ti è piaciuto?

# FACENDO LA LISTA DELLA SPESA

1. Faccia una lista delle cose necessarie.

2. Non dimentichi il burro.

3. Cancelli *zucchero*. Ne ha abbastanza.

4. Cancelli *dolci*. Non ha bisogno di dolci.

5. Sottolinei *carne* per non dimenticarla.

6. Metta un cerchietto al *pane*. È importante.

7. Scriva *LATTE* a stampatello.

8. Che lista in disordine!

9. Ricominci.

10. Scriva soltanto le cose di cui ha veramente bisogno.

11. Ora va meglio.

12. Cancelli la prima lista.

13. Porti la Sua lista al negozio.

14. Non dimentichi i soldi.

# FACENDO LA LISTA DELLA SPESA

1. Fà una lista delle cose necessarie.

2. Non dimenticare il burro.

3. Cancella *zucchero*. Ne hai abbastanza.

4. Cancella *dolci*. Non hai bisogno di dolci.

5. Sottolinea *carne* per non dimenticarla.

6. Metti un cerchietto al *pane*. È importante.

7. Scrivi *LATTE* a stampatello.

8. Che lista in disordine!

9. Ricomincia.

10. Scrivi soltanto le cose di cui hai veramente bisogno.

11. Ora va meglio.

12. Cancella la prima lista.

13. Porta la tua lista al negozio.

14. Non dimenticare i soldi.

carne
pane
burro
latte
frutta
uova
formaggio

# FACENDO LA SPESA

1. Lei é nel negozio di alimentari.

2. Vada al reparto della verdura.

3. Scelga della frutta.

4. La metta nel Suo carrello.

5. Scelga della verdura.

6. La pesi.

7. È troppo. Ne rimetta una parte a posto.

8. Vada al reparto dei latticini.

9. Scelga delle uova.

10. Basta così. Vada alla cassa.

11. Si metta in fila.

12. Saluti il cassiere / la cassiera.

la fila

13. Paghi quello che ha comprato.

14. Metta le cose nel sacchetto.

15. Prenda il sacchetto con le spese e vada a casa.
PAM

# FACENDO LA SPESA

1. Sei nel negozio di alimentari.

2. Và al reparto della verdura.

3. Scegli della frutta.

4. Mettila nel tuo carrello.

5. Scegli della verdura.

6. Pesala.

7. È troppo. Rimettine una parte a posto.

8. Và al reparto dei latticini.

9. Scegli delle uova.

10. Basta così. Và alla cassa.

11. Mettiti in fila.

12. Saluta il cassiere / la cassiera.

13. Paga quello che hai comprato.

14. Metti le cose nel sacchetto.

15. Prendi il sacchetto con le spese e và a casa.

# UN LITIGIO

1. Si arrabbia con il Suo amico / la Sua amica.

2. Vuole litigare con lui/lei.

3. Gli/Le porti via _____.

4. (Lui/Lei grida: «Ehi tu! Ridammelo/la.»)

5. Lo/La tenga. Non lo/la lasci.

6. Spinga il Suo amico / la Sua amica.

7. Gli/Le mostri la lingua.

8. Gli/Le prenda il braccio e glielo tiri.

9. Gli/Le urli: «Imbecille!»

10. Gli/Le dia un pugno nello stomaco.

11. Gli/Le pizzichi il braccio.

12. Gli/Le stringa il collo.

13. Lo lasci.

14. Gli/Le dia uno schiaffo.

15. Gli/Le dia una pedata negli stinchi.

16. Gli/Le graffi la faccia.

17. Gli/Le dia un colpo alla mascella e lo/la metta K.O.

# UN LITIGIO

1. Ti arrabbi con il tuo amico / la tua amica.

2. Vuoi litigare con lui/lei.

3. Portagli/le via _____.

4. (Lui/Lei grida: «Ehi tu! Ridammelo/la.»)

5. Tienilo/la. Non lo/la lasciare.

6. Spingi il tuo amico / la tua amica.

7. Mostragli/le la lingua.

8. Prendigli/le il braccio e tiraglielo.

9. Urlagli/le: «Imbecille!»

10. Dagli / Dalle un pugno nello stomaco.

11. Pizzicagli/le il braccio.

12. Stringigli/le il collo.

13. Lascialo.

14. Dagli / Dalle uno schiaffo.

15. Dagli / Dalle una pedata negli stinchi.

16. Graffiagli/le la faccia.

17. Dagli / Dalle un colpo alla mascella e mettilo/la K.O.

# UN TAGLIO DI CAPELLI

1. I Suoi capelli sono lunghi.
   Ha bisogno di tagliarli.

2. Vada dal barbiere / dal parruchiere /
   dalla parruchiera.

3. Il barbiere / Il parruchiere / La
   parruchiera ha molto da fare.

4. Si sieda e aspetti il Suo turno.

5. Legga una rivista mentre aspetta.

   «Avanti il prossimo / la prossima!»

6. Si alzi.

7. Vada a sedersi sulla poltrona.

8. Faccia due chiacchiere con il barbiere /
   il parruchiere / la parruchiera.

9. Lo/La osservi nello specchio mentre lavora.

10. Bene. Fatto. Si guardi allo specchio.

11. Sta molto bene. Si alzi.

12. Paghi il barbiere / il parruchiere /
    la parruchiera.

13. Che bravo barbiere / parruchiere! / Che brava
    parruchiera! Gli/Le dia una mancia.

# UN TAGLIO DI CAPELLI

1. I tuoi capelli sono lunghi. Hai bisogno di tagliarli.

2. Và dal barbiere / dal parruchiere / dalla parruchiera.

3. Il barbiere / Il parruchiere / La parruchiera ha molto da fare.

4. Siediti e aspetta il tuo turno.

5. Leggi una rivista mentre aspetti.

«Avanti il prossimo / la prossima!»

6. Alzati.

7. Và a sederti sulla poltrona.

8. Fà due chiacchiere con il barbiere / il parruchiere / la parruchiera.

9. Osservalo/la nello specchio mentre lavora.

10. Bene. Fatto. Guardati allo specchio.

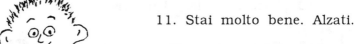

11. Stai molto bene. Alzati.

12. Paga il barbiere / il parruchiere / la parruchiera.

13. Che bravo barbiere / parruchiere! / Che brava parruchiera! Dagli / Dalle una mancia.

# MANGIANDO ARANCE

1. Ci sono tre modi di mangiare un'arancia.

2. *Ecco il primo modo:*

   3. La sbucci.

*1*

   4. La divida in spicchi.

   5. Tolga i semi.

   6. Mangi ogni spicchio.

7. *Ecco il secondo modo:*

   8. La tagli a metà, poi in quarti e poi mezzi-quarti.

*2*

   9. Morda la polpa dalla buccia.

   10. Sputi i semi.

11. *Ecco il terzo modo:*

   12. Faccia rotolare l'arancia tra le mani.

*3*

   13. Faccia un buco da una parte.

   14. Sprema l'arancia.

   15. Ne succhi il succo.

# MANGIANDO ARANCE

1. Ci sono tre modi di mangiare un'arancia.

2. *Ecco il primo modo:*

3. Sbucciala.

4. Dividila in spicchi.

5. Togli i semi.

6. Mangia ogni spicchio.

7. *Ecco il secondo modo:*

8. Tagliala a metà, poi in quarti e poi mezzi-quarti.

9. Mordi la polpa dalla buccia.

10. Sputa i semi.

11. *Ecco il terzo modo:*

12. Fà rotolare l'arancia tra le mani.

13. Fà un buco da una parte.

14. Spremi l'arancia.

15. Succhiane il succo.

## UNA GIORNATA DI PIOGGIA

1. Lei cammina sotto la pioggia.

2. Si fermi. C'è una pozzanghera.

3. La oltrepassi.

4. Oh! Ha smesso di piovere.
   Chiuda l'ombrello.

5. Cominci a correre.

6. Stia attento! C'è del fango!

7. Scivoli sul fango.

8. Cada.

9. Si alzi e si guardi. È pieno/a di fango!

10. Ritorni alla pozzanghera.

11. Ci cammini dentro.

12. Batta i piedi.

   CIAF! CIAF!

13. Salti su e giù.

14. Esca dalla pozzanghera.

15. Ma guardi un po'! È tutto/a bagnato/a!

16. Vada a casa e si cambi i vestiti.

# UNA GIORNATA DI PIOGGIA

1. Cammini sotto la pioggia.

2. Fermati. C'è una pozzanghera.

3. Oltrepassala.

4. Oh! Ha smesso di piovere.
Chiudi l'ombrello.

5. Comincia a correre.

6. Sta attento! C'è del fango!

7. Scivola sul fango.

8. Cadi.

9. Alzati e guardati. Sei pieno/a di fango!

10. Ritorna alla pozzanghera.

11. Camminaci dentro.

12. Batti i piedi.

CIAF! CIAF!

13. Salta su e giù.

14. Esci dalla pozzanghera.

15. Ma guarda un po'! Sei tutto/a bagnato/a!

16. Và a casa e cambiati i vestiti.

# UN GIRO MOVIMENTATO IN AUTOBUS

1. Compri un biglietto dal tabaccaio o dale giornalaio.

2. Aspetti l'autobus.

3. Oh! Eccolo che arriva.

4. Salga.

5. Validi il biglietto nell'apposita macchinetta.

6. Oh Dio! Quest'autista è terribile! Cada.

7. Si alzi.

8. Dica all'autista di andare più piano: «Rallenti per favore.»

9. Si sieda. Guardi dal finestrino.

10. È sballottato/a su e giù.

11. Stia attento/a alla strada dove deve scendere.

12. Eccola! Prema il pulsante.

13. Non si alzi prima che l'autobus si sia fermato.

14. Va bene. Ora si alzi e vada all'uscita.

15. Scenda i gradini.

16. Spinga la porta per aprirla.

17. Scenda dall'autobus.

18. Si asciughi la fronte e dica: «Mamma mia! Che passeggiata!»

# UN GIRO MOVIMENTATO IN AUTOBUS

1. Compra un biglietto dal tabaccaio o dale giornalaio.

2. Aspetta l'autobus.

3. Oh! Eccolo che arriva.

4. Sali.

5. Valida il biglietto nell'apposita macchinetta.

6. Oh Dio! Quest'autista è terribile! Cadi.

7. Alzati.

8. Dì all'autista di andare più piano: «Rallenti per favore.»

9. Siediti. Guarda dal finestrino.

10. Sei sballottato/a su e giù.

11. Sta' attento/a alla strada dove devi scendere.

12. Eccola! Premi il pulsante.

13. Non alzarti prima che l'autobus si sia fermato.

14. Va bene. Ora alzati e va' all'uscita.

15. Scendi i gradini.

16. Spingi la porta per aprirla.

17. Scendi dall'autobus.

18. Asciugati la fronte e dì: «Mamma mia! Che passeggiata!»

# ACCENDENDO UN FUOCO

1. Brrr! Fa freddo! Accendiamo un fuoco.

2. Prenda la Sua accetta e vada nel bosco.

3. Abbatta un vecchio albero.

4. Ne tagli un ciocco.

5. Porti dentro il ciocco.

6. Lo posi accanto al focolare.

7. Metta della carta nel focolare.

8. Metta dei bastoncini sulla carta.

9. Metta il ciocco sopra i bastoncini.

10. Accenda un fiammifero.

11. Dia fuoco alla carta.

12. Ci soffi sopra.

13. Faccia vento al fuoco. Bene! Brucia.

14. Si sieda sulla sedia a dondolo.

15. Dondoli avanti e indietro.

16. Guardi il fuoco. Bellissimo! Affascinante!

17. Si addormenti davanti al fuoco.

# ACCENDENDO UN FUOCO

1. Brrr! Fa freddo! Accendiamo un fuoco.

2. Prendi la tua accetta e và nel bosco.

3. Abbatti un vecchio albero.

4. Tagliane un ciocco.

5. Porta dentro il ciocco.

6. Posalo accanto al focolare.

7. Metti della carta nel focolare.

8. Metti dei bastoncini sulla carta.

9. Metti il ciocco sopra i bastoncini.

10. Accendi un fiammifero.

11. Dà fuoco alla carta.

12. Soffiaci sopra.

13. Fà vento al fuoco. Bene! Brucia.

14. Siediti sulla sedia a dondolo.

15. Dondola avanti e indietro.

16. Guarda il fuoco. Bellissimo! Affascinante!

17. Addormentati davanti al fuoco.

# VADA A NUOTARE

1. Andrà a nuotare.

2. Si metta il costume da bagno.

3. Si metta sul bordo della piscina.

4. Si stringa il naso con le dita.

5. Inspiri profondamente.

6. Salti nell'acqua.

    CIAF! CIAF!

7. Nuoti fino all'altra parte della piscina.

8. Salga gli scalini e esca.

9. Vada al trampolino.

10. Vada fino alla punta del trampolino.

11. Si tuffi. Bravissimo!

12. Nuoti sott'acqua!

13. Si trattenga il fiato!

14. Venga alla superficie.

15. Si aggrappi al bordo.

16. Respiri forte.

17. Spruzzi il Suo amico / la Sua amica.

# VÀ A NUOTARE

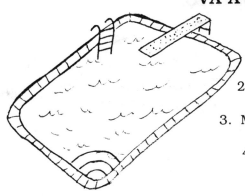

1. Andrai a nuotare.

2. Mettiti il costume da bagno.

3. Mettiti sul bordo della piscina.

4. Stringiti il naso con le dita.

5. Inspira profondamente.

6. Salta nell'acqua.

CIAF! CIAF!

7. Nuota fino all'altra parte della piscina.

8. Sali gli scalini e esci.

9. Và al trampolino.

10. Và fino alla punta del trampolino.

11. Tuffati. Bravissimo!

12. Nuota sott'acqua!

13. Trattieni il fiato!

14. Vieni alla superficie.

15. Aggrappati al bordo.

16. Respira forte.

17. Spruzza il tuo amico / la tua amica.

# IL PANE TOSTATO

1. Mangerà un toast.

2. Prenda una fetta di pane.

il pane a cassetta    una fetta

3. La metta nel tostapane.

4. Abbassi la leva.

5. Aspetti un minuto.

6. È pronto!

7. Tiri fuori il toast e lo metta sul piatto.

8. Ci spalmi del burro.

9. Lo osservi mentre si scioglie.

10. Metta un cucchiaino di marmellata sul pane tostato.

11. Lo spalmi con un coltello.

12. Tagli il toast a metà.

13. Ne prenda una metà.

14. Lo assaggi.

15. È buono?

16. Lo mangi tutto.

# IL PANE TOSTATO

1. Mangerai un toast.

2. Prendi una fetta di pane.

3. Mettila nel tostapane.

4. Abbassa la leva.

5. Aspetta un minuto.

6. È pronto!

7. Tira fuori il toast e mettilo sul piatto.

8. Spalmaci del burro.

9. Osservalo mentre si scioglie.

10. Metti un cucchiaino di marmellata sul pane tostato.

11. Spalmalo con un coltello.

12. Taglia il toast a metà.

13. Prendine una metà.

14. Assaggialo.

15. È buono?

16. Mangialo tutto.

## UN UCCELLO

1. Lei é un uccello su un albero.

2. Batta le ali.

3. Voli per l'aria.

4. Atterri.

5. Faccia dei saltelli.

6. Cerchi insetti.

7. Ne ha trovato uno! Lo porti nel becco.

8. Rivoli all'albero.

9. Ingoi l'insetto.

10. Canti a un altro uccello.

11. Costruisca un nido.

12. Si segga dentro il nido.

13. Si netti le piume.

14. Deponga un uovo.

## UN UCCELLO

1. Sei un uccello su un albero.

2. Batti le ali.

3. Vola per l'aria.

4. Atterra.

5. Fai dei saltelli.

6. Cerca insetti.

7. Ne hai trovato uno! Portalo nel becco.

8. Rivola all'albero.

9. Ingoia l'insetto.

10. Canta a un altro uccello.

11. Costruisci un nido.

12. Siediti dentro il nido.

13. Nettati le piume.

14. Deponi un uovo.

# UNA BELLA GIORNATA

1. Che bella giornata di sole!

2. Sospiri e esca.

3. Si stiri e sbadigli.

4. Si sdrai al sole.

5. Oh! Fa troppo caldo!

6. Sta sudando.

7. Si alzi e cerchi un posto all'ombra.

8. Ah! Ecco là un grande albero con tanta ombra.

9. Vada verso l'albero.

10. Si sieda all'ombra.

11. Oh, qui c'è una bella frescura.

12. Sospiri, si stiri e sbadigli.

13. Si sdrai all'ombra.

14. Dorma.

# UNA BELLA GIORNATA

1. Che bella giornata di sole!

2. Sospira e esci.

3. Stirati e sbadiglia.

4. Sdraiati al sole.

5. Oh! Fa troppo caldo!

6. Stai sudando.

7. Alzati e cerca un posto all'ombra.

8. Ah! Ecco là un grande albero con tanta ombra.

9. Và verso l'albero.

10. Siediti all'ombra.

11. Oh, qui c'è una bella frescura.

12. Sospira, stirati e sbadiglia.

13. Sdraiati all'ombra.

14. Dormi.

104

# UNA FESTA!

1. Farà una festa.

2. Metta un po' di musica.

3. Presenti un ospite all'altro.

4. Arriva un altro ospite. Lo/La saluti
   e dica: «Ciao!»

5. Offra delle patatine agli ospiti.

6. Ne mangi anche Lei.

7. Beva un sorso della Sua bevanda.

8. Batta le mani alla musica.

9. Schiocchi le dita.

10. Batta leggermente il piede.

11. Muova la testa al ritmo.

12. Chieda a qualcuno di ballare con Lei.

13. Muova tutto il corpo al
    ritmo della musica.

14. Stia di fronte al Suo partner.

15. Gli/Le faccia una strizzatina
    d'occhi.

16. Si sta divertendo?

17. Anch'io. Questa è una bella festa!

# UNA FESTA!

1. Farai una festa.

2. Metti un po' di musica.

3. Presenta un ospite all'altro.

4. Arriva un altro ospite. Salutalo/la e di: «Ciao!»

5. Offri delle patatine agli ospiti.

6. Mangiane anche tu.

7. Bevi un sorso della tua bevanda.

8. Batti le mani alla musica.

9. Schiocca le dita.

10. Batti leggermente il piede.

11. Muovi la testa al ritmo.

12. Chiedi a qualcuno di ballare con te.

13. Muovi tutto il corpo al ritmo della musica.

14. Sta' di fronte al tuo partner.

15. Fagli / Falle una strizzatina d'occhi.

16. Ti stai divertendo?

17. Anch'io. Questa è una bella festa!

# È ORA DI PULIRE LA CASA

1. Accidenti! La Sua casa è proprio sporca!

2. Metta il grembiule.

3. Versi del detergente nel lavandino.

4. Freghi il lavandino con una spugna.

5. Spazzi il pavimento della cucina con la scopa.

6. Riempia un secchio d'acqua.

7. Ci versi del detergente liquido.

8. Ci butti un cencio.

9. Pulisca il pavimento della cucina con il cencio.

10. Spolveri i mobili con un piumino.

11. Vuoti i cestini.

12. Inserisca la spina dell'aspirapolvere.

13. Lo accenda.

14. Passi l'aspirapolvere sui tappeti.

15. Metta a posto tutta la roba.

16. Si guardi attorno. È molto meglio adesso!

# È ORA DI PULIRE LA CASA

1. Accidenti! La tua casa è proprio sporca!

2. Metti il grembiule.

 3. Versa del detergente nel lavandino.

4. Frega il lavandino con una spugna.

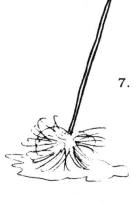

5. Spazza il pavimento della cucina con la scopa.

6. Riempi un secchio d'acqua.

7. Versaci del detergente liquido.

8. Buttaci un cencio.

9. Pulisci il pavimento della cucina con il cencio.

10. Spolvera i mobili con un piumino.

11. Vuota i cestini.

12. Inserisci la spina dell'aspirapolvere.

13. Accendilo.

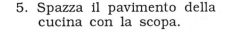

14. Passa l'aspirapolvere sui tappeti.

15. Metti a posto tutta la roba.

16. Guardati attorno. È molto meglio adesso!

# UN GIRO IN MACCHINA

1. Farà un giro in macchina.

2. Prenda la chiave.

3. Apra la porta della macchina
   con la chiave.

4. La apra.

5. Salga.

6. Metta in moto la macchina.

7. Tolga il freno a mano.

8. Innesti la prima marcia.

9. Parta.

10. Cambi in seconda marcia.

11. Acceleri.

12. Cambi in terza marcia.

13. Oh no! Troppo veloce!
    Arriva un poliziotto.

14. Si accosti e si fermi.

15. Apra il finestrino.

16. Dica: «Mi scusi, signor carabiniere.»

17. Pianga.

18. Ce l'ha fatta. Non le metterà
    una multa questa volta.

# UN GIRO IN MACCHINA

1. Farai un giro in macchina.

2. Prendi la chiave.

3. Apri la porta della macchina con la chiave.

4. Aprila.

5. Sali.

6. Metti in moto la macchina.

7. Togli il freno a mano.

8. Innesta la prima marcia.

9. Parti.

10. Cambia in seconda marcia.

11. Accelera.

12. Cambia in terza marcia.

13. Oh no! Troppo veloce! Arriva un poliziotto.

14. Accostati e fermati.

15. Apri il finestrino.

16. Dì: «Mi scusi, signor carabiniere.»

17. Piangi.

18. Ce l'hai fatta. Non ti metterà una multa questa volta.

# UN CANE

1. Lei è un cane.

2. Sta arrivando un gatto!

3. Gli dia la caccia!

4. È corso su un albero. Gli abbai.

5. Non vale la pena. Cerchi
   qualcos'altro da fare.

6. Annusi la terra.

7. Ecco un vecchio osso! Lo mastichi.

8. Lo porti fino all'orto.

9. Scavi un buco con le zampe.

10. Sotterri l'osso.

11. Arriva il padrone! Muova la coda!

12. Ma, è arrabbiato con Lei perchè
    ha scavato un buco.

13. Abbassi la testa. Non si vergogna?

14. Si sieda nell'angolo. Che cane cattivo!

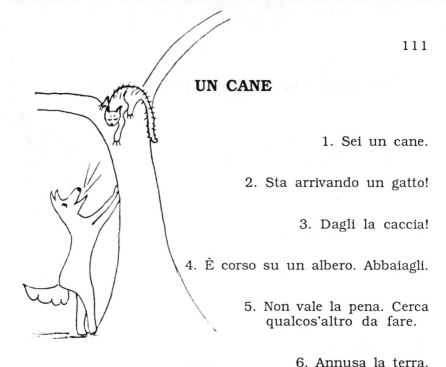

# UN CANE

1. Sei un cane.

2. Sta arrivando un gatto!

3. Dagli la caccia!

4. È corso su un albero. Abbaiagli.

5. Non vale la pena. Cerca qualcos'altro da fare.

6. Annusa la terra.

7. Ecco un vecchio osso! Masticalo.

8. Portalo fino all'orto.

9. Scava un buco con le zampe.

10. Sotterra l'osso.

11. Arriva il padrone! Muovi la coda!

12. Ma, è arrabbiato con te perchè hai scavato un buco.

13. Abbassa la testa. Non ti vergogni?

14. Siediti nell'angolo. Che cane cattivo!

# UN UOMO SI PREPARA PER USCIRE

1. È sabato sera e sta per andare fuori con la Sua ragazza

2. Si rada.

3. Si tagli le unghie.

4. Faccia la doccia.

5. Si lavi i capelli.

6. Si asciughi.

7. Si metta dell'acqua di Colonia.

8. Si vesta.

9. Si guardi allo specchio.

10. Si pettini.

11. Sta molto bene.

12. Vada a farsi prestare dei soldi dal Suo amico.

13. Compri dei fiori.

14. Vada a prendere la Sua ragazza.

15. Buon divertimento!

## UN UOMO SI PREPARA PER USCIRE

1. È sabato sera e stai per andare fuori con la tua ragazza

2. Raditi.

3. Tagliati le unghie.

4. Fá la doccia.

5. Lavati i capelli.

6. Asciugati.

7. Mettiti dell'acqua di Colonia.

8. Vestiti.

9. Guardati allo specchio.

10. Pettinati.

11. Stai molto bene.

12. Và a farti prestare dei soldi dal tuo amico.

13. Compra dei fiori.

14. Và a prendere la tua ragazza.

15. Buon divertimento!

## UNA DONNA SI PREPARA PER USCIRE

1. È sabato sera e sta per uscire
   con il Suo ragazzo.

2. Si limi le unghie.

3. Faccia un bagno schiuma.

4. Stia a lungo nell'acqua.

5. Si depili le gambe.

6. Esca dalla vasca.

7. Si asciughi.

8. Si metta del borotalco.

9. Si metta del profumo.

10. Si vesta.

11. Si guardi allo specchio.

12. Si aggiusti i capelli.

13. Si metta lo smalto per le unghie.

14. Si trucchi.

15. Lei è bellissima! Aspetti che
    la venga a prendere.

16. Buon divertimento!

# UNA DONNA SI PREPARA PER USCIRE

1. È sabato sera e stai per uscire con il tuo ragazzo.

2. Limati le unghie.

3. Fà un bagno schiuma.

4. Stà a lungo nell'acqua.

5. Depilati le gambe.

6. Esci dalla vasca.

7. Asciugati.

8. Mettiti del borotalco.

9. Mettiti del profumo.

10. Vestiti.

11. Guardati allo specchio.

12. Aggiustati i capelli.

13. Mettiti lo smalto per le unghie.

14. Truccati.

15. Sei bellissima! Aspetta che ti venga a prendere.

16. Buon divertimento!

# ALLA LAVANDERIA

1. Porterà la biancheria alla lavanderia.

2. Smisti i Suoi vestiti e li metta in due mucchi: scuro e chiaro.

chiaro

scuro

3. Metta i vestiti scuri in una lavatrice ed i chiari in un'altra.

4. Aggiunga una mezza tazza di detergente in ogni lavatrice.

5. Regoli la temperatura dell'acqua.

freddo   caldo

6. Metta qualche moneta nella fessura d'ogni lavatrice.

7. Si sieda ed aspetti che le lavatrici finiscano.

8. Quando hanno finito tolga i Suoi vestiti.

9. Li metta nell'essiccatore.

10. Lo regoli a forza media.

11. Metta delle monete nella fessura.

12. Aspetti che l'essiccatore si fermi.

13. Quando si è fermato, tolga i Suoi vestiti.

14. Li smisti.

15. Li pieghi.

Papà   Mamma

bebé

asciugamani

## ALLA LAVANDERIA

1. Porterai la biancheria alla lavanderia.

2. Smista i tuoi vestiti e mettili in due mucchi: scuro e chiaro.

3. Metti i vestiti scuri in una lavatrice ed i chiari in un'altra.

 4. Aggiungi una mezza tazza di detergente in ogni lavatrice.

5. Regola la temperatura dell'acqua.

 6. Metti qualche moneta nella fessura d'ogni lavatrice.

7. Siediti ed aspetta che le lavatrici finiscano.

8. Quando hanno finito togli i tuoi vestiti.

9. Mettili nell'essiccatore.

10. Regolalo a forza media.

  11. Metti delle monete nella fessura.

12. Aspetta che l'essiccatore si fermi.

13. Quando si è fermato, togli i tuoi vestiti.

 14. Smistali.

15. Piegali.

# L'APPUNTAMENTO DAL DOTTORE

1. Ha un appuntamento dal dottore.

2. Vada dal dottore.

3. Dica il Suo nome alla segretaria.

4. Le dica a che ora ha fissato l'appuntamento.

5. Si sieda.

6. È nervoso/a. Si sieda sull'orlo della sedia.

7. Si morda le unghie.

8. Aspetti una mezz' ora.

9. Finalmente! Ecco l'infermiera/e.

10. La/Lo segua alla consulta.

11. Saluti il dottore.

12. Si sieda.

13. Spalanchi la bocca.

14. Sporga la lingua e dica: «Ah.»

15. È in buona salute! Saluti il dottore.

16. Chieda alla segretaria quanto deva pagare.

# L'APPUNTAMENTO DAL DOTTORE

1. Hai un appuntamento dal dottore.

2. Và dal dottore.

3. Dì il tuo nome alla segretaria.

4. Dille a che ora hai fissato l'appuntamento.

5. Siediti.

6. Sei nervoso/a. Siediti sull'orlo della sedia.

7. Morditi le unghie.

8. Aspetta una mezz' ora.

9. Finalmente! Ecco l'infermiera/e.

10. Seguila/lo alla consulta.

11. Saluta il dottore.

12. Siediti.

13. Spalanca la bocca.

14. Sporgi la lingua e dì: «Ah.»

15. Sei in buona salute! Saluta il dottore.

16. Chiedi alla segretaria quanto devi pagare.

# METTENDO DELLE GOCCE NEGLI OCCHI

1. Si metterà delle gocce negli occhi.

2. Apra la bottiglietta.

3. Riempia il contagocce.

4. Ripieghi la testa all'indietro.

5. Spalanchi gli occhi.

6. Li lasci aperti.

7. Tenga un occhio aperto con le dita.

8. Ci metta dentro una goccia.

9. Non batta le palpebre.

10. Oh! La goccia non c'è, l'ha fatta scorrere sulla guancia.

11. La asciughi.

12. Riprovi.

13. Ecco! Ce l'ha fatta.

14. Può battere gli occhi, ora.

# METTENDO DELLE GOCCE NEGLI OCCHI

1. Ti metterai delle gocce negli occhi.

2. Apri la bottiglietta.

3. Riempi il contagocce.

4. Ripiega la testa all'indietro.

5. Spalanca gli occhi.

6. Lasciali aperti.

7. Tieni un occhio aperto con le dita.

8. Mettici dentro una goccia.

9. Non battere le palpebre.

10. Oh! La goccia non c'è, l'hai fatta scorrere sulla guancia.

11. Asciugala.

12. Riprova.

13. Ecco! Ce l'hai fatta.

14. Puoi battere gli occhi, ora.

# ATTACCHI UN PORTA-ASCIUGAMANO

1. Attaccherà un porta-asciugamano nella stanza da bagno.

2. Tenga il porta-asciugamano contro il muro nel punto in cui vuole attaccarlo.

3. Faccia quattro segni sul muro dove ci sono i buchi.

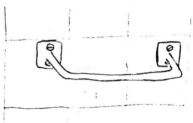

4. Metta giù il porta-asciugamano.

5. Faccia quattro buchi nel muro dove ha fatto i segni.

6. Riprenda il porta-asciugamano.

7. Metta una vite in un buco.

8. L'avviti nel muro, ma non fino in fondo.

9. Avviti le altre viti nello stesso modo.

10. Bene. Ora tutte le viti sono a posto, ma sono lente.

11. Le stringa con un cacciavite fino in fondo.

12. Bravo! Sono tutte strette. Dove sono gli asciugamani?

# ATTACCA UN PORTA-ASCIUGAMANO

1. Attaccherai un porta-asciugamano nella stanza da bagno.

2. Tieni il porta-asciugamano contro il muro nel punto in cui vuoi attaccarlo.

3. Fà quattro segni sul muro dove ci sono i buchi.

4. Metti giù il porta-asciugamano.

5. Fà quattro buchi nel muro dove hai fatto i segni.

6. Riprendi il porta-asciugamano.

 7. Metti una vite in un buco.

8. Avvitala nel muro, ma non fino in fondo.

9. Avvita le altre viti nello stesso modo.

10. Bene. Ora tutte le viti sono a posto, ma sono lente.

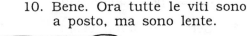

11. Stringile con un cacciavite fino in fondo.

12. Bravo! Sono tutte strette. Dove sono gli asciugamani?

124

# UN VIAGGIO IN TRENO

1. Prenderà il treno per Firenze.

2. Porti la valigia e la borsa da viaggio alla stazione.

3. Cerchi l'orario.

4. Metta giù i bagagli.

5. Trovi Firenze sull'orario delle partenze.

6. Ah! Il prossimo treno parte fra quindici minuti dal binario numero otto.

7. Vada alla biglietteria.

8. Faccia la coda.

9. Avanzi.

10. Dica: «Un biglietto di andata e ritorno di seconda per Firenze, per favore.»

11. Paghi.

12. Compri una rivista, un panino al formaggio e una mela.

13. Cerchi il binario numero otto.

14. Salga in una vettura di seconda classe per non fumatori.

15. Cerchi un buon posto.

16. Metta il bagaglio sul bagagliaio.

17. Si tolga la giacca.

18. Si sieda.

19. Il treno sta partendo. Buon viaggio!

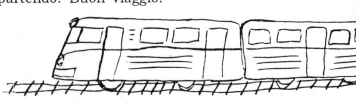

# UN VIAGGIO IN TRENO

1. Prenderai il treno per Firenze.

2. Porta la valigia e la borsa da viaggio alla stazione.

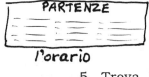

3. Cerca l'orario.

4. Metti giù i bagagli.

5. Trova Firenze sull'orario delle partenze.

6. Ah! Il prossimo treno parte fra quindici minuti dal binario numero otto.

7. Và alla biglietteria.

8. Fà la coda.

9. Avanza.

10. Dì: «Un biglietto di andata e ritorno di seconda per Firenze, per favore.»

11. Paga.

12. Compra una rivista, un panino al formaggio e una mela.

13. Cerca il binario numero otto.

14. Sali in una vettura di seconda classe per non fumatori.

15. Cerca un buon posto.

16. Metti il bagaglio sul bagagliaio.

17. Togliti la giacca.

18. Siediti.

19. Il treno sta partendo. Buon viaggio!

# FOTOGRAFANDO

Per questa lezione è bene avere otto persone - due che dirigono e sei «amici» che vengono fotografati (benche si possa anche realizzare con più o meno «amici»). La prima persona dice alla seconda di fare fotografie. Questa, a sua volta, dice agli amici cosa devono fare; le sue battute sono scritte *in corsivo*.

1. Farà delle fotografie ai Suoi amici.

2. Carichi la macchina fotografica.

3. Faccia avanzare la pellicola.

4. Prepari il flash.

5. *«Mettetevi lì, per favore.»*

6. Guardi nel mirino.

7. *«Avvicinatevi per favore.»*

8. *«Scostatevi un poco per favore.»*

9. *«Piero, siediti.»*

10. *«Giovanni, scostati un Poco.»*

11. *«Giovanna, mettiti davanti ad Anna.»*

12. *«Michele, mettiti dietro a Paolo.»*

13. (Rivolto/a a tutti:) *«Sorridete per favore.»*

14. Scatti la fotografia.

15. (Rivolto/a a tutti:) *«Restate dove siete.»*

16. Faccia avanzare la pellicola.

17. Faccia un'altra fotografia.

# FOTOGRAFANDO

This lesson is best done with eight people — two speakers and six "friends" who are photographed (though it can be done with more or fewer "friends"). The first speaker tells the second one to take the pictures. The second speaker tells the friends what to do; his or her lines are *in italics*.

1. Farai delle fotografie ai tuoi amici.

2. Carica la macchina fotografica.

3. Fà avanzare la pellicola.

4. Prepara il flash.

5. *«Mettetevi lì, per favore.»*

6. Guarda nel mirino.

7. *«Avvicinatevi per favore.»*

8. *«Scostatevi un poco per favore.»*

9. *«Piero, siediti.»*

10. *«Giovanni, scostati un Poco.»*

11. *«Giovanna, mettiti davanti ad Anna.»*

12. *«Michele, mettiti dietro a Paolo.»*

13. (Rivolto/a a tutti:) *«Sorridete per favore.»*

14. Scatta la fotografia.

15. (Rivolto/a a tutti:) *«Restate dove siete.»*

16. Fà avanzare la pellicola.

17. Fà un'altra fotografia.

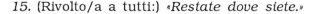

## FABBRICHI UNA TAVOLA

1.  Fabbricherà una tavola.

2.  Scelga un bell'asse.

3.  Prenda il metro a nastro.

4.  Misuri l'asse.

5.  Faccia un segno dove vuole tagliarla.

6.  Prenda la sega.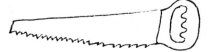

7.  Seghi l'asse.

8.  Prenda il martello e quattro chiodi.

9.  Tenga un chiodo in una mano
    ed il martello nell'altra.

10.  Lo conficchi nell'asse.

11.  Inchiodi gli altri angoli.

12.  Ma che bella tavola!

13.  Ne fa una per me?

14.  Lei è un bravo falegname!

# FABBRICA UNA TAVOLA

1. Fabbricherai una tavola.

2. Scegli un bell'asse.

 3. Prendi il metro a nastro.

4. Misura l'asse.

5. Fà un segno dove vuoi tagliarla.

6. Prendi la sega.

7. Sega l'asse.

 8. Prendi il martello e quattro chiodi.

9. Tieni un chiodo in una mano
ed il martello nell'altra.

10. Conficallo nell'asse.

11. Inchioda gli altri angoli.

12. Ma che bella tavola!

13. Ne fai una per me?

 14. Sei un bravo falegname!

# UN'ESCURSIONE IN MONTAGNA

1. Farà un'escursione in montagna.

2. Cominci la salita.

3. Sta cominciando ad avere sete.

4. Si fermi e beva un pò d'acqua.

5. Bene. Continui la salita.

6. Si sta cominciando a stancare.
   Le manca il fiato.

7. Si sieda e riprenda fiato.

8. Bene. Si alzi e continui la salita.

9. Adesso Le sta venendo fame.

10. Si fermi e mangi una mela.

11. Salga fino alla cima della montagna.

12. Guardi, che vista meravigliosa!

13. E stanco/a? Ha sete? Le manca
    il fiato? Ha fame?

14. Si sieda e si riposi.

15. Beva ancora un pò d'acqua
    e mangi qualcosa.

16. Si rilassi.

17. Bene. È pronto/a? Su, si alzi.

18. Scenda dalla montagna.

19. Com'è bello passare la giornata così!

# UN'ESCURSIONE IN MONTAGNA

1. Farai un'escursione in montagna.

2. Comincia la salita.

3. Stai cominciando ad avere sete.

4. Fermati e bevi un pò d'acqua.

5. Bene. Continua la salita.

6. Stai cominciando a stancarti. Ti manca il fiato.

7. Siediti e riprendi fiato.

8. Bene. Alzati e continua la salita.

9. Adesso ti sta venendo fame.

10. Fermati e mangia una mela.

11. Sali fino alla cima della montagna.

12. Guarda che vista meravigliosa!

13. Sei stanco/a? Hai sete? Ti manca il fiato? Hai fame?

14. Siediti e riposati.

15. Bevi ancora un pò d'acqua e mangia qualcosa.

16. Rilassati.

17. Bene. Sei pronto/a? Su, alzati.

18. Scendi dalla montagna.

19. Com'è bello passare la giornata così!

# IL SINGHIOZZO

1. Ha il singhiozzo.

2. Se lo vuole far passare?

3. Aspiri profondamente.

4. Trattenga il fiato.

5. Conti fino a venti con le dita.

6. Espiri.

7. Le è passato?

8. Versi dell'acqua in un bicchiere.

9. La beva tutta d'un sorso.

10. Le è passato?

11. Prenda del pepe.

12. Lo metta nel palmo della mano.

13. Lo aspiri.

14. Starnutisca.

15. Le è passato?

16. Si giri.

17. Chiuda gli occhi.

18. BUH!

19. Le è passato adesso?

# IL SINGHIOZZO

1. Hai il singhiozzo.

2. Vuoi fartelo passare?

3. Aspira profondamente.

4. Trattieni il fiato.

5. Conta fino a venti con le dita.

6. Espira.

7. Ti è passato?

8. Versa dell'acqua in un bicchiere.

9. Bevila tutta d'un sorso.

10. Ti è passato?

11. Prendi del pepe.

12. Mettilo nel palmo della mano.

13. Aspiralo.

14. Starnutisci.

15. Ti è passato?

16. Girati.

17. Chiudi gli occhi.

18. BUH!

19. Ti è passato adesso?

# UN COSTUME PER CARNEVALE

1. Farà un costume d'Arlecchino per Carnevale.

2. Vada a comprare dei pantaloni
   ed una giacca d'Arlecchino.

3. Prenda un foglio di carta nera.

4. Ne faccia una maschera che
   copra metà del viso.

5. Ci faccia due buchi per gli occhi.

6. Prenda il metro.

7. Misuri una striscia di carta crespa di
   circa un metro per farne un colletto.

8. La tagli.

9. La cucia nel mezzo, seguendone la lunghezza;
   tiri il filo per farla arricciare.

10. Tagli il filo lasciandone 15 centimetri
    ad ogni estremità.

11. Si metta il colletto e ne allacci il filo.

12. Si faccia prestare un cappello a falde
    larghe da Suo padre.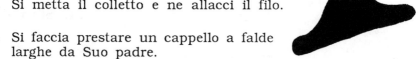

13. Si metta il costume d'Arlecchino.

14. Vada a prendere un bastone da passeggio.

15. È molto bello/a.

16. Vada in piazza e faccia una piroetta.

# UN COSTUME PER CARNEVALE

1. Farai un costume d'Arlecchino per Carnevale.

2. Và a comprare dei pantaloni ed una giacca d'Arlecchino.

3. Prendi un foglio di carta nera.

4. Fanne una maschera che copra metà del viso.

5. Facci due buchi per gli occhi.

6. Prendi il metro.

7. Misura una striscia di carta crespa di circa un metro per farne un colletto.

8. Tagliala.

9. Cucila nel mezzo, seguendone la lunghezza; tira il filo per farla arricciare.

10. Taglia il filo lasciandone 15 centimetri ad ogni estremità.

11. Mettiti il colletto e allacciane il filo.

12. Fatti prestare un cappello a falde larghe da tuo padre.

13. Mettiti il costume d'Arlecchino.

14. Và a prendere un bastone da passeggio.

15. Sei molto bello/a.

16. Và in piazza e fa una piroetta

# LA FESTA DI PASQUA

1. Farà un pranzo di Pasqua.

2. Apparecchi la tavola.

3. Tiri fuori l'agnello arrosto dal forno.

4. Metta tutto il cibo sulla tavola.

5. Chiami la Sua famiglia a tavola:
   «Il pranzo è pronto.»

6. Si sieda.

7. Reciti una piccola preghiera.

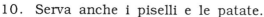

8. Tagli a fette l'arrosto.

9. Ne serva una fetta a tutti.

10. Serva anche i piselli e le patate.

11. Mangi molto.

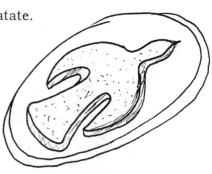

12. Porti la colomba in tavola.

13. Ne serva una fetta a tutti.

14. Che buona!

15. Dica: «Sono pieno/a.»

# LA FESTA DI PASQUA

1. Farai un pranzo di Pasqua.

2. Apparecchia la tavola.

3. Tira fuori l'agnello arrosto dal forno.

4. Metti tutto il cibo sulla tavola.

5. Chiama la tua famiglia a tavola:
«Il pranzo è pronto.»

6. Siediti.

7. Recita una piccola preghiera.

8. Taglia a fette l'arrosto.

9. Servine una fetta a tutti.

10. Servi anche i piselli e le patate.

11. Mangia molto.

12. Porta la colomba in tavola.

13. Servine una fetta a tutti.

14. Che buona!

15. Dì: «Sono pieno/a.»

138

# LISTA DI ACCESSORI PER OGNI LEZIONE

**V** = Oggetto vero    **I** = Illustrazione (fotografia o disegno)

2-3.  *Si lavi le mani*: Sapone, asciugamano, porta-asciugamano, (sciolto o fisso), rubinetto (V, I, di plastica, o disegnato alla lavagna munito di acqua cancellabile!)

4-5.  *La candela*: Candela, portacandela, scatola di fiammiferi; *per ogni membro della classe*: candele per torta di compleanno, fiammiferi

6-7.  *Arrivando a casa*: Casa (una o diverse illustrazioni), scalinata (V o I), buco della serratura, (V o I), maniglia (V o I), chiave, *facoltativo*: catenaccio (V o I)

8-9.  *Il formaggio*: Formaggio incartato, tagliere, coltello

10-11.  *Il palloncino*: Palloncino per ogni membro della classe (Chiedete agli studenti di metterci le loro iniziali una volta gonfiati, cosi da poterli recuperare dopo averli fatti volare.)

12-13.  *La gomma da masticare*: Negozio (I, o diversi oggetti «in vendita» su un tavolo), gomma da masticare (molti pacchetti chiusi)

14-15.  *La caccia al tesloro*: Piccoli oggetti (si potrebbero usare accessori di altre lezioni)

16-17.  *Le vitamine*: Flacone di vitamine, caramelle da usare come pillole

18-19.  *Faccia la punta alla matita*: Matita spuntata, temperamatite (di preferenza uno che non rappresenti altre cose)

20-21.  *I cereali*: Scatola di fiocchi d'avena, scodella, piatto (potrebbe essere di carta), zuccheriera piena di zucchero, contenitore di latte, cucchiaio

22-23.  *Andando a comprare un cappotto*: Vetrine (I o immaginarie), attaccapanni (di qualsiasi tipo, uno che sia facile da trasportare), gruccie (parecchie), cappotti (il vostro e quello dei vostri studenti), cartellini del prezzo (su ogni cappotto un cartellino fatto a mano o di negozio)

24-25.  *Un bicchiere di latte*: Bicchiere (di plastica trasparente), bricco per il latte (riempito d'acqua), strofinaccio (a brandelli), lavandino (V o I)

26-27.  *Incarti un regalo*:  Scatole di varie dimensioni (e colori?) carta velina e carta da regalo (diversi fogli di ciascun tipo, magari di colore diverso), nastro adesivo, (diversi rotoli, se possibile), nastro (diverse matassine di colore diverso, potreste anche avere disponibili qualche nastro di velluto e di raso - per introdurre queste parole), regali (qualsiasi oggetto abbiate a portata di mano), forbici

**V** = Oggetto vero   **I** = Illustrazione (fotografia o disegno)

28-29. *Buongiorno*: Sveglia (V o di cartone o I), letto (potete adoperare una sedia con un cuscino e una coperta), sala da bagno (un angolo dell'aula con degli oggetti da toletta o un'I), cucina (un angolo dell'aula con una tavola apparecchiata per la colazione, o un'I), giornale, spazzolino da denti, cappotto, famiglia (I o immaginaria; o l'esecutore/esecutrice della serie puo mandare dei baci a due o tre studenti o a tutta la classe)

30-31. *Sta per ammalarti*: Fazzoletto (non di carta), farmacia (I o un angolo dell'aula con diversi prodotti farmaceutici), aspirina, kleenex, gocce per il naso

32-33. *Impiegato in un ufficio*: Cravatta (non a graffetta), giacca, camicia a maniche lunghe

34-35. *Come attacare un bottone*: Un bottone molto grande a due buchi, filo, forbici, ago (piu grande e, meglio e), una vecchia camicia

36-37. *Dipingendo un quadro*: Vecchi giornali, colori (a tempera, non acquerelli), straccio, pennello, vasetto pieno d'acqua, dei fogli di carta bianca, nastro adesivo o puntine da disegno (per attaccare il quadro al muro)

38-39. *Prendendo l'aereo*: Aereo (I), cintura di sicurezza (qualsiasi tipo di cintura regolabile va bene)

40-41. *Ferma! Al ladro!*: Pistola (I, una banana, o un altro oggetto simile)

42-43. *Il ristorante*: Ristorante (I), forchetta, coltello, cucchiaio, tovagliolo (di carta o di stoffa), menu (V o un foglio di carta piegato e intitolato «MENU»)

44-45. *Aprendo un regalo:* Regali (diversi oggetti inscatolati ma non avvolti in carta velina. Fate uso di oggetti tipici della classe se non avete l'intenzione di regalare veramente qualcosa ai vostri studenti)

46-47. *Una camicia gualcita*: due camicie a maniche lunghe (una gualcita e l'altra no), asse da stiro, (o un asse di legno qualsiasi), ferro da stiro con filo elettrico (V, o qualsiasiasi oggetto che possa essere posato all'insu o sdraiato, come ad esempio una spillatrice), una bottiglia a spruzzo piena d'acqua o una ciotola d'acqua e un fazzoletto (con cui inumidire la camicia)

48-49. *Gelato e T.V.*: Frigorifero munito di congelatore (uno scaffale o I), gelato (contenitore vuoto di gelato), ciotola, cucchiaio, banco (o tavolo), T.V. (V, I, o scatolone)

**V** = Oggetto vero     **I** = Illustrazione (fotografia o disegno)

50-51. *Avendo cura di un bambino*: Bebè (bambola o qualsiasi cosa avvolta in una coperta), tazza, cucchiaio

52-53. *Un bicchiere rotto*: Bicchiere rotto (bicchiere di plastica trasparente tagliato a pezzi), pattumiera (o cestino della carta straccia - se non e troppo sporco dovrete recuperare i pezzi dopo ogni presentazione della serie), paletta per la spazzatura, scopa (o scopino), un altro bicchiere (di plastica o di vetro)

54-55. *Viaggio verso la luna*: I di un razzo, della terra, della luna, del deserto (soltanto a fine di chiarimento, non da usare come accessori durante la rappresentazione)

56-57. *Giochiamo a palla*: Palla ((o una palla per ogni membro della classe, soprattutto del tipo che rimbalza bene)

58-59. *Insetti affamati*: Un cestino per il pranzo, insetti (I o insetti di plastica, soltanto per chiarire la lezione)

60-61. *L'uso di un telefono pubblico*: Cabina telefonica (V o I; o delimitate con le mani la zona intorno al telefono), telefono pubblico (V oppure un telefono giocattolo in una scatola da scarpe alla quale si è aggiunta una fessura e un'apertura per il recupero monete)

62-63. *Zuppa per il pranzo*: Apriscatole (a mano), lattina di zuppa, pentola con coperchio, cucchiaio, fornello (V, I o un libro), ciotola

64-65. *Cambi una lampadina elettrica*: Lampada da tavolo con paralume staccabile, lampadina fulminata, lampadina nuova

66-67. *Un ginocchio insanguinato*: Fazzoletto (di stoffa o di carta, macchiato di rosso), tintura di iodio, cerotti, farmacia  (I o un'angolo dell'aula con diversi prodotti farmaceutici)

68-69. *Le uova strapazzate*: Uova di Pasqua di plastica del tipo che si apre a metà, ciotola, frullino, cucchiaio, saliera, latte (bricco), olio (bottiglia), padella, fornello (V, I o un libro), piatto, forchetta

70-71. *Un assegno da viaggio*: Banca o ufficio cambio (I o un angolo dell'aula), assegno da viaggio (V o copiato da pagina XLII), soldi (V o finti), passaporto (V o finto), modulo bancario (un qualsiasi foglio di carta)

72-73. *Un piatto rotto*: Un piatto vecchio (V, di plastica o di carta; potrebbe essere gia rotto ma non in troppi pezzi), colla (in tubo)

**V** = Oggetto vero     **I** = Illustrazione (fotografia o disegno)

74-75. *Un gioco di prestigio*: Bicchiere (di plastica trasparente va bene), barattolo, brocca o bottiglia d'acqua; spago, sale, piatto (per far rotolare lo spago nel sale), cubetti di ghiaccio

76-77. *Scriva una lettera*: Carta da scrivere, buste (gli studenti possono fabbricarle di carta), francobolli (di qualsiasi tipo purchè si possano leccare), cassetta delle lettere (I o una scatola con fessura)

78-79. *Andando al cinema*: Biglietto(i) (facoltativo) caramelle (V, o contenitore pieno di palline di polistirolo), bibita (bicchiere da bibita vuoto), vestibolo, teatro (dividi l'aula in modo da delineare queste zone)

80-81. *Facendo la lista della spesa*: Non avete bisogno d'accessori per questa lezione; scrivete la lista alla lavagna

82-83. *Facendo la spesa*: Negozio d'alimentari con una sezione per la frutta e verdura, una per i latticini ed una per la cassa (disponi l'aula in modo d'avere la sezione per la frutta e verdura munita d'oggetti di plastica e borse per la spesa; quella per i latticini, di contenitori vuoti di latte, la cassa munita di borse per la spesa), bilancia (V, o fanne una di cartone con ago mobile e con misure di peso marcate sopra), carrello (una scatola su una sedia funziona bene)

84-85. *Un litigio*: Nessun accessorio

86-87. *Un taglio di capelli*: Niente forbici! (usa le dita), rivista, specchio (V o immaginario o I)

88-89. *Mangiando arance*: Almeno tre arance (V, con semi), un coltello affilato, tovaglioli di carta bagnati (per pulirsi le mani)

90-91. *Una giornata di pioggia*: Ombrello, pozzanghera (un po d'acqua per terra)

92-93. *Un giro movimentato in autobus*: Biglietto, fermata d'autobus (una sedia), autobus (sistemazione di sedie)

94-95. *Accendendo un fuoco*: Accetta(I), albero (I, sedia o podio), ceppo (di legno naturale), caminetto (delineato dalle mani o I), stecchi di legno (V), giornale, fiammiferi, sedia a dondolo (qualsiasi sedia può essere fatta dondolare)

96-97. *Vada a nuotare*: Piscina (I), acqua (facoltativa - in una ciotola per dimostrare gli spruzzi)

**V** = Oggetto vero   **I** = Illustrazione (fotografia o disegno)

98-99.  *Il pane tostato*: Pane a cassetta, tostapane, piatto, coltello, cucchiaio, burro, marmellata (tutto V)

100-101. *Un uccello*: Insetto (di plastica), piuma (V, per mostrare cos'è), nido (cappotto o maglione sulla sedia), uovo (preferibilmente un uovo grande di plastica, nascosto nel nido)

102-103. *Una bella giornata*: Un albero ombroso (I)

104-105. *Una festa!*: Musica, patatine fritte, bibite

106-107. *È ora di pulire la casa*: Grembiule da cucina, detersivo, lavandino (ciotola o I), scopa, secchio, piumino, cestini per la carta straccia, aspirapolvere (V, giocattolo o I), strofinaccio

108-109. *Un giro in macchina*: Chiave, macchina (sedia)

110-111. *Un cane*: Osso (V, o un giocattolo per cani)

112-113. *Un uomo si prepara per uscire*: Rasoio, forbicine da unghie, shampoo (facoltativo), asciugamano, acqua di colonia (flacone), pettine, fiori (artificiali)

114-115. *Una donna si prepara per uscire*: Limetta per le unghie, bagnoschiuma, vasca da bagno (I per le spiegazioni, sedia per l'uso), rasoio, asciugamano, profumo, smalto per le unghie, barretta per capelli, cosmetici (si potrebbero usare delle penne)

116-117. *Alla lavanderia*: Vestiti vecchi, lavatrici e asciugatrici ( scatoloni con fessure per le monete e quadranti per la temperatura), detersivo, tazza

118-119. *L'appuntamento dal dottore*: Nessun accessorio

120-121. *Mettendo delle gocce negli occhi*: Collirio (dell'acqua in una bottiglietta con contagocce)

122-123. *Attaccando un porta-asciugamano*: Porta-asciugamano, viti, cacciavite, tabella o altra superficie su cui installare il porta-asciugamano

124-125. *Un viaggio in treno*: Valigia, borsa da viaggio, orario dei treni (un orario abbastanza grande da poter essere visto da tutti, o copie individuali), biglietteria (I o disposizione di sedie), biglietto (V o un pezzo di carta), soldi (V o finti), rivista, panino al formaggio, treno (disposizione di sedie e I)

**V** = Oggetto vero      **I** = Illustrazione (fotografia o disegno)

126-127.  *Fotografando*: Macchina fotografica (o una scatola piccola), flash e accessori per il flash (o semplicemente una lampadina), pellicola

128-129.  *Fabbrichi una tavola*: Assi (piccole, di tipo diverso), metro, sega, martello, chiodi (enormi)

130-131.  *Un'escursione in montagnaa*: Borraccia (o altri contenitori da cui bere), mela; *facoltativo*: bastone da passeggio (qualsiasi stecco di legno)

132-133.  *Il singhiozzo*: Bicchiere, acqua in altro contenitore, pepiera con pepe dentro

134-135.  *Un costume per carnevale*: Negozio (I o un angolo dell'aula), giacca d'Arlecchino, pantaloni, cappello a falde larghe e spioventi, cappello a cilindro (tutti e due i cappelli potrebbero essere V, I o fatti di carta), un paio di scarpe di larga misura, della carta nera ed una striscia di carta crespa per ogni studente, metro e forbici (per ogni coppia di studenti se possibile), aghi, filo e bastone

136-137.  *La Festa di Pasqua*: Piatti, coltelli, forchette, cucchiai, tovaglioli, bicchieri (o tazze), tacchino farcito (una borsa di carta ripiena), cibo (di plastica)

# LIST OF PROPS FOR EACH LESSON

**R** — real          **P** — picture (photograph or drawing)

2-3.  *Si lavi le mani*: soap, towel, towel rack (loose or fixed), faucet (R, P, plastic, or drawing on board with erasable water!)

4-5.  *La candela*: candle holder, matchbox; *class sets of* : birthday cake candles, matchboxes for everyone

6-7.  *Arrivando a casa*: home (P(s)), stairway (R or P), keyhole (R, P or plastic, or use hands), doorknob (R or P), key, *optional for line 11*: door bolt (R or P)

8-9.  *Il formaggio*: wrapped cheese, cutting board, knife

10-11.  *Il palloncino:class set* of balloons (have students initial them in ink when inflated so that they can be retrieved after they are flown)

12-13.  *La gomma da masticare*: store (P or group of items "for sale" on table), gum (several unopened packs)

14-15.  *La caccia al tesoro*: small objects (can be props from other lessons)

16-17.  *le vitamine*: vitamin bottle, candy "pills," glass of water

18-19.  *Faccia la punta alla matita*: dull pencil, hand-held pencil sharpener (preferably one that is not disguised as something else)

20-21.  *Il cereali*: box of cold cereal, bowl, plate (can be paper), sugar bowl with sugar , milk carton, spoon

22-23.  *Andando a comprare un cappotto*: store windows (P or imaginary), rack (any kind; an over-the-door rack is simple to transport), hangers (several), coats (yours and/or students'), mirror (R or imagined or P), price tags (on each coat, handmade or from a store)

24-25.  *Un bicchiere di latte*: (can be clear plastic), milk carton (filled with water), rag (raggedy), sink (R or P), faucet (R, P or plastic)

26-27.  *Incarti un regalo*: boxes of various sizes (and colors?), tissue paper and gift wrap (several pieces of new or used each; can be of different colors), cellophane (scotch) tape (several rolls if possible), ribbon (several spools if possible, of different colors; you may also bring in pieces of cloth ribbon—velvet and satin—to introduce such words), presents (any objects you have on hand)

**R** — real        **P** — picture (photograph or drawing)

28-29. *Buongiorno*: clock (R or cardboard or P), bed (can be a chair with a pillow and small blanket), bathroom (designated area of the room with a few toiletries or a P), kitchen (designated area of the room with a breakfast table setting or a P), newspaper, toothbrush, coat, family (P or imaginary; or performer can blow or give pretend kisses to two or three students or to the whole class)

30-31. *Sta per ammalarti*: handkerchief (*not* tissue), drugstore (P or designated area of class with several pharmaceutical items), aspirin, kleenex, nose drops (can be water in a dropper bottle)

32-33. *Impiegato in un ufficio*: tie (not clip-on), jacket (blazer-type), long-sleeved shirt

34-35. *Come attaccare un bottone*: very large button with 2 holes, spool of thread, needle (the larger the better for visibility), old shirt

36-37. *Dipingendo un quadro*: old newspapers, set of paints (small poster temperas from supermarket—not solid watercolors), rag, paintbrush, jar of water, white paper, tape or thumbtacks (to hang picture on wall)

38-39. *Prendendo l'aereo*: plane (P), seat belt (any kind of adjustable belt will do)

40-41. *Ferma! Al ladro!*: gun (P, or use any object such as a banana)

42-43. *Il ristorante*: restaurant (P), fork, knife, spoon, napkin (cloth or paper), menu (R or folder or piece of paper labeled "MENU")

44-45. *Aprendo un regalo*: presents (several objects wrapped in boxes but without tissue inside—use familiar props from the class if you aren't prepared to be actually giving things to the students)

46-47. *Una camicia gualcita*: 2 long-sleeved shirts (one wrinkled, the other not), ironing board (or any wooden board), iron with cord (R, or use any object that can be set on end and can also be laid down, such as a stapler), spray bottle containing water or bowl of water with a handkerchief (for wetting the shirt)

48-49. *Gelato e T.V.*: combination refrigerator and freezer (storage cabinet or bookcase or P), ice cream (empty ice cream carton of any shape), bowl, spoon, counter (or table), T.V. (R, box or P)

50-51. *Avendo cura di un bambino*: baby (large doll or anything, especially if wrapped in a blanket), cup, spoon

52-53. *Un bicchiere rotto*: broken glass (clear plastic tumbler, cut up), garbage can (or wastebasket—check that it's not too dirty—you want to retrieve your broken pieces after each performance of the sequence), dustpan, broom (or whisk broom), another glass (plastic or glass)

146

**R** — real      **P** — picture (photograph or drawing)

54-55. *Viaggio verso la luna*: P's of rocket, earth, moon, desert (for clarification only, not as props to use in performance)

56-57. *Giochiamo a palla*: ball (or class set of "superballs" or other balls, especially very bouncy ones)

58-59. *Insetti affamati*: lunch (brown bag), bugs (P's or plastic bugs for clarification only)

60-61. *L'uso di un telefono pubblico*: phone booth (R or P; or define area around phone with hands), pay phone (R or plastic toy phone housed in a shoe box to which you have added a slot and a coin return)

62-63. *Zuppa per il pranzo*: can opener (hand-held type), soup can, saucepan with lid, spoon, stove (R, P or a book), bowl

64-65. *Cambi una lampadina elettrica*: small lamp with removable shade, burnt-out bulb, good bulb

66-67. *Un ginocchio insanguinato*: handkerchief (cloth or tissue) with red stains, iodine, bandaids, drugstore (see props for pp. 30-31)

68-69. *Le uova strapazzate*: plastic Easter eggs that open, bowl, egg beater, spoon, salt shaker, milk (carton), oil (bottle), pan, stove (R, P or a book), plate, fork

70-71. *Un assegno da viaggio*: bank or money exchange office (P or area of classroom), traveller's checks (R or copied from page *xl*), cash (R or play), passport (R or phony), teller's form (can be any piece of paper)

72-73. *Un piatto rotto*: old plate (R, plastic or paper; can be already broken but not in too many pieces), glue (in a tube)

74-75. *Un gioco di prestigio*: glass (can be clear plastic); jar, pitcher or bottle of water; string, salt, plate (to roll string in salt), ice cubes

76-77. *Scriva una lettera*: paper, envelopes (students can make them from paper), stamps (any kind that can be licked), mailbox (P or box with slot)

78-79. *Andando al cinema*: ticket(s) (optional), popcorn (R, or popcorn box or bag filled with styrofoam puffs if available), drink (empty soda cup), lobby, theater (arrange the room to designate these areas)

80-81. *Facendo la lista della spesa*: no props needed; make a list on the blackboard

**R** — real      **P** — picture (photograph or drawing)

82-83.  *Facendo le spesa*: grocery store with produce and dairy sections and a check-out counter (arrange room; furnish produce section with plastic items and bags, dairy section with empty dairy containers, check-out counter with paper and plastic bags), scale (R, or make a cardboard one with movable dial and kilos and grams marked), cart (a box in a chair works fine)

84-85.  *Un litigio*: no props

86-87.  *Un taglio di capelli*: no scissors! (use your fingers); magazine, mirror (R or imagined or P)

88-89.  *Mangiando arance*: at least 3 oranges (R, with seeds), sharp knife, damp paper towels (to wipe juice off hands)

90-91.  *Una giornata di pioggia*: puddle (a little water on the floor)

92-93.  *Un giro movimentato in autobus*: transfer, bus stop (chair), bus (chair arrangement)

94-95.  *Accendendo un fuoco*: axe (P), tree (P, chair or podium), log (R only, *not* particleboard), fireplace (defined by hands, or P), sticks (R), newspaper, matches, rocking chair (any chair can be rocked)

96-97.  *Vada a nuotare*: swimming pool (P), water (optional—in a bowl to demonstrate splashing)

98-99.  *Il pane tostato*: loaf of sliced bread, toaster, plate, knife, spoon, butter, jam (all R)

100-101.  *Un uccello*: bug (plastic), feather (R, to show what it is), nest (coat or sweater in chair), egg (preferably a large artificial one, hidden in nest)

102-103.  *Una bella giornata*: shady tree (P)

104-105.  *Una festa!*: party snacks, drink

106-107.  *È ora di pulire la casa*: apron, kitchen cleanser, sink (bowl or P), broom, bucket, liquid cleaner, mop, dust cloth, small wastebaskets, vacuum cleaner (R, toy or P), small rug

108-109.  *Un giro in macchina*: key, car (chair)

110-111.  *Un cane*: bone (R or realistic dog toy)

112-113.  *Un uomo si prepara per uscire*: razor, nail scissors or clippers, shampoo (optional), towel, cologne (bottle), mirror (R or imagined or P), comb, flowers (R or artificial)

**R** — real          **P** — picture (photograph or drawing)

114-115.  *Una donna si prepara per uscire*: nail file, bubble bath liquid, tub (P for clarification, chair for use), razor, towel, powder, perfume, mirror (R or imagined or P), nail polish, barrettes (or something for hair), makeup (makeup pencils or ordinary pencils and pens), lipstick

116-117.  *Alla lavanderia*: old clothes, washing machines and dryers (boxes with slots for money and dials for temperature settings), detergent, cup

118-119.  *L'appuntamento dal dottore*: no props

120-121.  *Mettendo delle gocce negli occhi*: eye drops (water in a dropper bottle)

122-123.  *Attaccando un porta-asciugamano*: towel rack, screws, screwdriver, bulletin board or other surface on which to install rack

124-125.  *Un viaggio in treno*: suitcase, travel bag, schedule of departing trains (large enough for all to see, or copies for all), ticket window (P or chair arrangement), ticket (R, or can be any piece of paper), money (R or play), magazine, cheese sandwich, orange, train (chair arrangement and P)

126-127.  *Fotografando*: camera (or small box); flashcubes, flash attachment or built-in flash (or simply a light bulb); film

128-129.  *Fabbrichi una tavola*: boards (small, slightly different ones), tape measure, saw, hammer, nails (gigantic)

130-131.  *Un'escursione in montagna*: canteen or plastic bottle, apple; *optional*: walking stick (any stick or pole)

132-133.  *Il singhiozzo*: glass, water in another container, pepper shaker with pepper inside

134-135.  *Un costume per carnevale*: department store (P or section of classroom), Harlequin jacket (any jacket), pants, wide-brimmed felt hat (any large hat), black construction paper and strip of crepe paper *for every student*, measuring tape, scissors (*for every pair of students* if possible), needles, thread, baton (any stick or pole)

136-137.  *La Festa di Pasqua*: store (P or part of classroom), tortillas (R or papers), *pan dulce* (sweet rolls) (R, P or any rolls), stove (R, P or a book), pot, oil (in bottle), 2 frying pans, bananas (R or plastic), round beans (P or plastic), sour cream (container only), milk (carton), refrigerator (cabinet, bookcase or P), teaspoon, knife, fork, napkin, drawer (R or P), plate, cup, jar of coffee, sugarbowl with sugar, table

**DA USARE CON**
*VIVA L'AZIONE!* **e**
**LE VERSIONI IN TUTTE**
**LE ALTRE LINGUE!**

**FOR USE WITH**
*VIVA L'AZIONE!* **and**
**VERSIONS IN ALL OTHER**
**LANGUAGES!**

*Action English Pictures*, con i disegni adorabili e di una precisione d'esperto di Noriko Takahashi. Testo di Maxine Frauman-Prickel. Una risorsa preziosa per l'insegnante: 66 sequenze d'immagini duplicabili e 7 modelli di esercizi da riprodurre, per studenti di tutte le eta. 37 sequenze corrispondono esattamente alle serie di comandi di *Viva l'azione!* Utili in molti modi: come aiuto alla memorizzazione, alla successione dei comandi, alle corrispondenze e alle descrizioni............La serie «Avendo cura di un bambino» esibita sopra si trova a p. 52-53 di *Viva l'Azione!*
1985  120 pagine

*Action English Pictures*, with delightful and precise expert drawings by Noriko Takahashi and text by Maxine Frauman-Prickel. A teacher resource with 66 duplicatable picture sequences and 7 reproducible model exercises for use with beginning and intermediate students of all ages. 37 of the picture sequences follow exactly the series of commands in *Viva l'azione!* Useful in many ways: as memory aids, for sequencing, matching, descriptions......................
Shown above is "Avendo cura di un bambino" from pages 52-53 of *Viva l'azione!*
1985  120 pages

**DISPONIBILE PRESSO:**

**AVAILABLE ONLY FROM:**

Prentice Hall Regents/
Alemany Press
200 Old Tappan Road
Old Tappan, NJ 07675
(800) 223-1360
(201) 767-5937
FAX (800) 445-6991

*Vedi il retro del libro per la descrizione in italiano.*

# VIVA L'AZIONE!
## Live Action Italian

A TEXT WITH SPECIAL CHARACTER AND PLAYFUL CHARM
The text that shouts out: **"Hey! This is fun! Let's do it!"**

Over 45,000 copies of the English version (*Live Action English*) sold world-wide! The first student/teacher book based on James J. Asher's stimulating and effective **Total Physical Response (TPR)** approach to language acquisition. With a foreword by Asher, the book contains 68 lively "happenings" (illustrated series of commands, provided in both the *tu* and the *Lei* forms) for use with students of all ages in beginning, intermediate and multilevel classes. Features a thorough guide for the teacher about how to use the lessons most productively at the elementary, secondary, college and adult levels. Contains much practical colloquial language not found in other texts and is carefully adapted to the Italian milieu, with several lessons written specifically for **Viva l'azione!**

**Generates motivation** by giving students a feeling of what real communication in Italian is like. Every student actually gives commands and physically responds to them — real communication — **the student's own words have power!** Elicits emotional responses through the intermingling of words and actions. Produces a sense of amused delight in students — a real satisfaction in communicating in their new language.

Contee Seely received the
Excellence in Teaching Award presented by the
California Council for Adult Education

Versions in Spanish (*¡Viva la acción!*), English (*Live Action English*), German (*Lernt aktiv!*), French (*Vive l'action!*) and Japanese (*Iki Iki Nihongo*) are available now or will be soon. Write or phone to find out. See page II for list of distributors.

Also available for use with all language versions:
*Action English Pictures*. See next-to-last page for details.

*Command Performance Language Institute*
*1755 Hopkins Street*
*Berkeley, CA 94707*
*U.S.A.*
*(510) 524-1191*

ISBN 0-929724-03-8